公務員試験

豊富な図解ですっきりマスターできる！

はじめて学ぶ
改訂版
国際関係

高瀬淳一 著

実務教育出版

はじめに

国際関係という学問

　国際関係という学問は，国際問題を扱う総合的な学問です。ですから国際関係には，多くの研究テーマがあります。それらは，まず視点や方法から，つぎのように分類することができます。

　①**国際政治問題**……国際関係の研究の中心は，外交関係や対外政策の歴史や現状などの分析です。国家が基本的単位ですが，もちろん国連などの国際機関の活動も対象とされます。なお，国際機関の研究は，とくに**「国際機構論」**と呼ばれています。

　②**安全保障問題**……国際関係にとって，戦争と平和はもっとも重要な研究テーマです。こうした軍事問題を扱う研究分野が「安全保障論」です。最近では，軍縮などによる平和の確立過程の研究をとくに**「平和研究」**と呼ぶこともあります。

　③**国際経済問題**……国際関係の研究分野には，ほかの学問と重複するものもあります。たとえば，経済摩擦や南北問題といった「国際経済問題」を扱う分野がそうです。ただし，国際経済学の理論的研究とは異なり，一般に国際関係では国際経済に関する政策や制度に重点が置かれています。なお，法律的な研究は「国際法」の領域となるため，国際関係ではあまり多くみられません。

　④**国際社会問題**……国際的な人口移動や民族問題，さらには環境問題なども国際関係の重要な研究テーマです。こうしたテーマを扱う研究分野は，近年「国際社会学」と呼ばれて，国際関係の新たな1分野となりつつあります。

ところで，国際関係の研究は「地域」を単位に分類することもできます。上記の各問題領域をテーマとしていても，ほとんどの研究はどこかの「地域」を事例としているからです。また，自分の専門とする「地域」について，政治・経済から文化までを総合的に研究する**地域研究**もあります。もちろん，公務員試験にも各地域を単位とした出題は多くみられます。頻出地域は，ヨーロッパ，東南アジア，東アジア，中東，北アメリカです。

国際関係の重要性

　公務員の仕事は急速に国際化してきています。外務省だけでなく，いまではどの官庁でも国際的な業務をもっています。また，各自治体も国際交流や貿易などによって諸外国との結びつきを強めています。

　こうしたニーズを反映するかのように，公務員試験では国際関係は重要科目となっています。国家総合職試験では，政治・国際区分の専門試験の必須科目で「政治学・国際関係」が10問出題されます。さらに，選択Bを選べばプラス8問，国際関係の問題を解くことになります（国際法を含む）。また，国家一般職［大卒］試験では，専門試験16科目のうちの1つとして，他の科目と同じく5問の出題があります。

　一方，地方上級試験では，たとえば地方上級全国型では政治学と同じ2問出題されます。試験によって出題数にちがいがありますが，他の試験でも2～3問を出題するところが多いようです。

国際関係の勉強法

　国際関係の問題は，すべて時事問題だと思っている人がいます。しかし，公務員試験に多く出題されるのは，国際

関係の制度や歴史や学説です。ですから，まずは基本書を読んで，それから問題集で知識を確認するという他の科目と同じ勉強法が必要になります。この『はじめて学ぶ国際関係』を読み終えたなら，ぜひ『**20日間で学ぶ国際関係の基礎**』（**実務教育出版**）などで問題演習をしてください。

さらに深く国際関係を勉強したい人は，まず『現代用語の基礎知識』などの用語集で関連項目を読んでいくとよいでしょう。歴史的経緯や国際機構の仕組みなどがよくわかると思います。

なお，最近では，国際関係の時事についての知識も，しだいに重要視されるようになってきています。日々，世界情勢の変化に興味をもってニュースなどで情報収集しておくとよいでしょう。試験直前にはぜひ『**公務員試験 速攻の時事**』（**実務教育出版**）などで，国際時事のチェックをしておいてください。

本書の読み方

この『はじめて学ぶ国際関係』は8つの章から構成されています。各章は1時間以内で読める量にしてあります。どの章から読んでもかまいません。1日1章が無理なら，その半分でもいいですから，とにかく根気よく読み続けてください。とくにこれまで国際関係と縁がなかった人は，2回は通読してほしいと思います。おそらく1回目は，国際関係の用語や制度をおおまかに理解するだけで精一杯でしょう。それでも2度読めば，頻出ポイントを暗記できるようになるはずです。そうしたら，各章の最後にある「**練習問題**」に挑戦してみてください。

問題演習の段階では，知識を確認したくなることがよくあります。そんなときは，目次だけでなく**巻末の事項・人名索引**も大いに活用してください。**英文略語索引**も付けて

あります。なお,「国際関係の歩き方」は,いわばコーヒーブレイクです。卒業旅行の参考（？）にでもしてください。

　最後にこの場を借りて編集に携わった実務教育出版の鈴木由紀雄氏,佐藤貴則氏にお礼申しあげます。ありがとう。

高瀬　淳一

『はじめて学ぶ国際関係』目次

はじめに／i

第1章　国際関係の主体
……国家という単位はもう古い？

国際関係の主体 …………………………………………2
国家の超越 ………………………………………………3
国家とその領域 …………………………………………7
わが国の領土問題 ………………………………………10
領土紛争 …………………………………………………11
ナショナリズム …………………………………………14
エスニシティ ……………………………………………16
わが国の対外政策 ………………………………………19
アメリカの外交政策決定過程 …………………………20
　練習問題／22
　国際関係の歩き方①　政府と議会の見学／23

第2章　国際関係の理論
……君は現実主義者か理想主義者か？

現実主義者と理想主義者 ………………………………26
国際関係理論の系譜 ……………………………………27
勢力均衡論 ………………………………………………31
覇権安定論 ………………………………………………33
覇権循環論 ………………………………………………35

国際統合理論 …………………………………………38
相互依存論 ……………………………………………39
構造主義理論 …………………………………………42
国際関係のミクロ理論 ………………………………44
　練習問題／48
　国際関係の歩き方②　料理の見学／49

第3章　国際連合の活動
……平和のために武力を使う？

集団安全保障 …………………………………………52
国際連盟 ………………………………………………53
国際連合の誕生 ………………………………………54
国連の全体像 …………………………………………56
国連総会（多数決制と分担金問題）………………58
安全保障理事会 ………………………………………61
軍事制裁 ………………………………………………64
平和維持活動（PKO）………………………………66
PKO協力法……………………………………………68
その他の主要機関 ……………………………………70
国連専門機関 …………………………………………72
国連の社会問題への取り組み ………………………73
国連の人権問題への取り組み ………………………75
　練習問題／77
　国際関係の歩き方③　国連の見学／78

第4章 地域主義の時代
……日本は孤立してしまうのか？

地域機構と地域主義 …………………………………80
欧州連合（EU）の歴史…………………………………82
単一欧州議定書 …………………………………85
欧州連合条約 …………………………………86
政治統合への布石 …………………………………89
EUの政治システム…………………………………90
リスボン条約 …………………………………93
東南アジア諸国連合（ASEAN）…………………93
アジア・太平洋の地域機構 …………………………96
南北アメリカの地域機構 …………………………97
その他の地域機構 …………………………………100
地域主義の未来 …………………………………101
　練習問題／103
　国際関係の歩き方④　地下鉄の見学／104

第5章 経済対立の時代
……競争と協調の両立なんて？

南北問題 …………………………………………106
後発開発途上国問題 ……………………………107
国連開発の10年 …………………………………109
国連貿易開発会議（UNCTAD）………………111
政府開発援助（ODA）…………………………113
国際金融機関 ……………………………………115
国際経済体制 ……………………………………117

日米経済摩擦	120
世界貿易機関（WTO）	122
EPA／FTA	124

練習問題／125

国際関係の歩き方⑤　壁の見学／126

第6章　民族紛争の時代
……宗教は人を寛容にするのか？

民族紛争の特質	128
中東戦争	131
中東和平に向けて	136
中近東の民族問題	139
アジアの民族問題	140
ユーゴの民族問題	143
旧ソ連の民族問題	146
西ヨーロッパの民族問題	148
アフリカの民族紛争	149
民族対立を超えて	149

練習問題／151

国際関係の歩き方⑥　TVの見学／152

第7章　国際関係の歴史①（米ソの冷戦）
……軍縮を進めたものは何？

冷戦とは何か	154
米ソ冷戦の歴史を概観しよう	155
鉄のカーテン	157

ベルリン危機（1948〜49）……………………………159
東西軍事ブロックの形成 ………………………………161
雪解け時代 —— 冷戦第2期のはじまり ………………162
キューバ危機 —— 1962年 ……………………………164
核軍縮のはじまり ………………………………………166
デタント時代の到来 ……………………………………167
デタントのかげり —— 冷戦は第3期へ ………………169
新冷戦時代から新デタント時代へ ……………………170
東側ブロックの消滅 ……………………………………173
冷戦後の軍縮 ……………………………………………174
冷戦後のアメリカ外交 …………………………………176
　練習問題／178
　国際関係の歩き方⑦　戦争関連施設の見学／179

第8章　国際関係の歴史❷（アジアの冷戦構造）
……東アジアの未来はバラ色？

冷戦構造の残る成長地域 ………………………………182
2つの中国と中台紛争 …………………………………183
朝鮮戦争 …………………………………………………185
インドシナ戦争 …………………………………………187
日米安保体制の成立 ……………………………………189
アジア・太平洋地域におけるアメリカの安全保障政策 …190
非同盟への道 ……………………………………………192
多極化への進展 …………………………………………193
日本の戦後処理外交 ……………………………………195
ベトナム戦争 ……………………………………………197
中国の国際社会への復帰 ………………………………200

冷戦後の東アジア …………………………………201
　　　練習問題／203
　　　国際関係の歩き方⑧　広場の見学／204

事項・人名索引／205
英文略語索引／213

はじめて学ぶ 国際関係

第1章

国際関係の主体
…… 国家という単位はもう古い？

それでは国際関係の学習をはじめましょう。まずこの章では国際関係の学習に必要な基礎知識を整理します。テーマとなるのは国際関係における「国家」の役割とその変化です。

国際関係の主体

主体とは　現在の世界を動かしているのはだれなのか，ちょっと考えてみましょう。超大国アメリカである，と答える人もいるでしょう。それは国連だという人もいるにちがいありません。世界は政治ではなく経済で動いているとして，多国籍企業の名前を挙げる人もいるはずです。

国際関係の担い手は，学問上は「**主体（アクター）**」と呼ばれています。国際関係というドラマに出てくる役者たち（アクター），といったような意味です。現代の国際関係の最大の特徴は，このアクターが数だけでなく種類においても多くなってきていることなのです。ですから，先の質問の答えとしては，アメリカも国連も多国籍企業も，みんな一面では正解ということになります。

多様化の背景　近代社会が成立してから，つい30年ほど前まで，国際関係を動かしていた「主体」は事実上，**国家**だけでした。国際関係も，国家どうしの外交関係と，国家を単位とした国際機関や軍事同盟の活動で成り立っていました。**国際関係（International Relations）**は，文字どおり**国家（nation）の間（inter）の関係**を意味していたのです。

しかし，2つの大きな変化が，国家を中心に営まれてきた国際関係の時代に幕を引きました。その1つは，**経済の「ボーダレス化（＝無国境化）」**です。国家という枠組みを越えた経済活動が一般化したのです。国境などおかまいなしに，大量の物資や資金が世界を駆けめぐるようになりま

図表 1-1　国際社会の変化

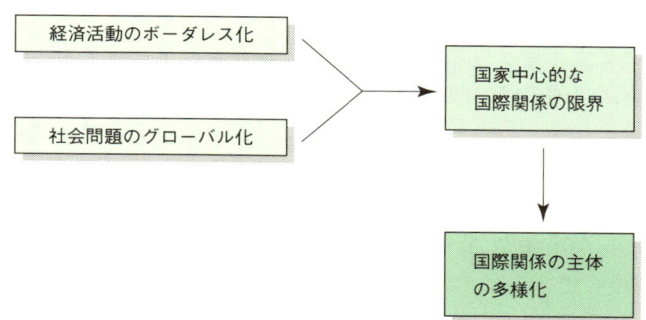

した。

　もう1つの変化は、**社会問題の「グローバル化（＝地球規模化）」**です。環境問題、難民問題、人口問題など、現在の国際社会には、国家の枠を越えた難問が山積しています。これらの問題は、もはや1つの国家では手に負えないほど大きな問題となっているのです。

　こうした国際経済や国際社会問題の変化は、政治の単位である国家中心の国際関係に修正を迫っています。もちろん、まだ国家を主体とした国際関係も重要性を失ったわけではありません。国家は依然として**国際関係の中心的主体**です。しかし一方では、国家を乗り越えた新しい主体が登場し、着実に国際関係の一部を担いはじめているのです。

国家の超越

　超国家機関　国家を乗り越えた主体は、その「超越」方法によって大きく2種類に類型化することができます。第1のタイプは、**国家を上に「超えた」主体**です。学問上は「**超国家機関（Supra-national Organization）**」と呼ばれています。「国際＝国家間（Inter-national）」の「インター」の代わりに、「スーパーマン（超人）」と同じ「スー

パー（スプラ）」を接頭語として付けた言葉です。

　一般の国際機関は，多数の国が集まって政策を調整する場です。基本的には各国家の意思決定が尊重されます。一方，超国家機関は，たくさんの国家からなる**「巨大国家」**のようなものです。超国家機関には**強い意思決定力**が認められていて，ときには加盟国の国家主権をも制約してしまいます。

　超国家機関の代表例は，なんといっても**「EU（欧州連合）」**です。すでにEUは，1つの政治的単位として，独自に国際関係を築いています。もちろん，まだ完全な国家ではないので，加盟国も「国家」として国際社会に参加しています。それとは別に，超国家機関としてのEUも，国際的な活動を行なっているというわけです。なお，EUについては，第4章で詳しく説明することにします。ここではとりあえず，EUが「スーパー国家」をめざしていることを知っておいてください。

　国家横断的機関　　国家を乗り越えた主体の第2のタイプは，**国家を横に「越えた」主体**です。国家の上に向かう（＝超）のではなく，国境を横にまたぐ（＝越）のです。こちらは一般に**「国家横断的機関(Trans-national Organization)」**と呼ばれています（「脱国家」と訳す人もいますが，なぜか「越国家」と呼ぶ人はいません）。ちなみに「トランス」とは，「翻訳(translate)」や「移動(transport)」という英単語でも使われているように，複数のものに「またがる」ことを意味します。

　国家横断的機関には，国境にとらわれずに活動するアクターがすべて含まれます。その代表例は，多国籍企業やNGO（非政府組織）です。

　多国籍企業　　複数の国家にまたがって商品の生産施設や販売拠点を持っている企業のことを「多国籍企業」とい

図表1-2　国際関係の主体

**国際機関
＝国家間機関
（inter-national organization）**

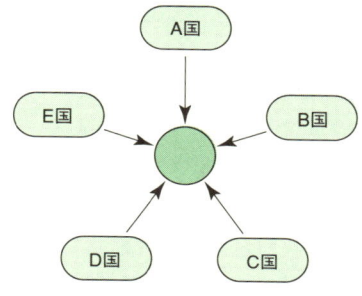

国家が参加する
意見交換の場

**超国家機関
（supra-national organization）**

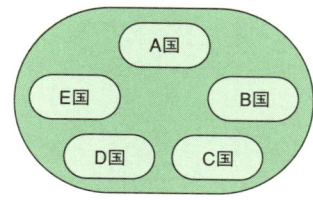

国家が包み込む
「巨大国家」

**国家横断的機関
（trans-national organization）**

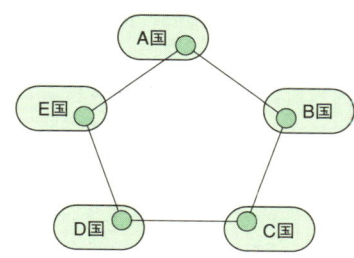

国家をマタにかけて
活動

います。もちろん企業にとって、他国に商品を輸出したり、他国から商品を輸入したりすることは、けっして珍しいことではありません。ですから、他国と貿易関係があるだけでは、多国籍企業とは呼びません。やはり他国に事業拠点を持って積極的に経済活動を行なっていることが、多国籍企業の最低条件といえるでしょう。

NGO　最近よく耳にするようになった言葉に「NGO」があります。これは、**「非政府組織」**を意味する「Non-Governmental Organization」の頭文字を合わせた言葉です。もちろん政府以外の組織すべてをさしているわけではありません。公共利益のために国際的に活動している団体のうち、政府機関でないものだけがいわゆる「NGO」なのです。

代表的なNGOには、国際的な医療活動を行なっている**「国際赤十字」**や、各国の受刑者の人権擁護活動を行なっている**「アムネスティ・インターナショナル」**などがあります。世界的な環境保護団体である**「グリーン・ピース」**もNGOの1つです。

NGO活動が世界中で盛んになっていることを受けて、最近では国家や国際機関も、NGOとの協力に積極的になっています。NGOを会議に招いたり、活動の一部を委託したりして、政策の立案や実施に力を貸してもらっているのです。たとえば、1992年に開かれた国連環境開発会議（地球サミット）には、世界各地から約8000のNGOが集まって意見を表明しました。

国家下位的主体　国家、国際機関、超国家機関、国家横断的機関と、国際関係の主体を順に整理してきました。ほかには国際関係の主体はないのでしょうか。

わが国の政治について最近よくいわれるのは、**「国際化」**と**「分権化」**の必要性です。「国際化」は国家より大

きな単位でものを考えることを,「分権化」は国家より小さな単位を重視することを求めています。両者は視点が反対のように見えますが,実際には密接な関係があります。分権化は,それまで国家だけしかもっていなかった国際社会への参加権を都道府県や市町村にも与えることになるからです。つまり,地方自治体のような**「国家下位的主体(Sub-national Organization)」**も,国際関係の重要な担い手になる時代が到来しつつあるのです。

連邦国家であるアメリカ合衆国(本当は「合州国」＝United States)では,すでにその構成要素となっている「州(State)」がかなり自発的に国際的な活動をしています。東京にも数多くの州の事務所が置かれていて,アメリカ政府とは別に通商交渉や企業誘致などを行なっています。

たしかに「州」は自立性が高い点でわが国の地方自治体とはずいぶんちがいます。しかし,わが国でも「分権化」は確実に自治体の対外的活動の活発化をうながすことになるでしょう。「姉妹都市」との交流だけが国際的な活動であるという時代は終わろうとしているのです。

国家とその領域

国家の要件　国家の超越の話をしてきましたが,そもそも「国家」とはどのような存在なのでしょうか。不思議なことに,「バチカン」はれっきとした国家なのに,北海道の「動物王国」は(少なくともまだ)国家ではないのです。

一般に「国家」として認められるのに必要な条件は,はっきりとした**①領域,②国民,③統治機構**の存在です。さらに国際関係では,**④他国と外交関係を形成する能力**も不可欠とされています。こうした条件を満たせば,国家には独力で政治的意思を決定する力＝**「主権」**が認められます。

第1章　国際関係の主体

この「主権」があるかぎり、他国は簡単にはその国の内政に干渉できません。

いまではあたりまえに感じられますが、こうした条件をもった国家というのは、近代になるまではほとんど存在しませんでした。国境線などは非常にあいまいなものでしたし、人々は国家に属する「国民」としての自覚をほとんどもっていませんでした。国境線が明確に定められ、国民意識が芽生えるのは、ようやく近代になってからのことです。

領土　国家の**「領域」**には、領土、領海、領空などがあります。まず**「領土」**とは、その国の主権の及ぶ土地のことです。領土内の湖や川などは**「内水」**と呼ばれます。

現在、地球上のほとんどの土地はいずれかの国の領土に属しています。どこの国の領土にも属していないのは南極ぐらいです。南極は1959年の**「南極条約」**によって、どの国も領土権を主張できないことと定められています。

国家が領土に執着する理由は、それがさまざまな価値をもたらすためです。まず、領土は**「経済的価値」**をもっています。天然資源を採掘したり、市場として利用できるからです。また、領土は**「戦略的価値」**ももっています。軍事基地を置くなどして、国家の安全保障に役立てることができるからです。さらに、領土には**「精神的価値」**があります。土地は祖国愛の対象として意識されるからです。

領海　領土に隣接した海の一定範囲は、その国の**「領海」**とみなされます。領海は、**「国連海洋法条約」**によって領土から**12カイリ**の範囲と定められています。カイリとは緯度1分の長さをもとにした航海上の単位で、1カイリは約1850メートルにあたります。ですから、12カイリでは約22キロメートルとなります。領土からこれだけの幅で領海が広がっているのです。とはいえ、領海は、他国の船も迷惑をかけないかぎり、許可なく通ることができます。こ

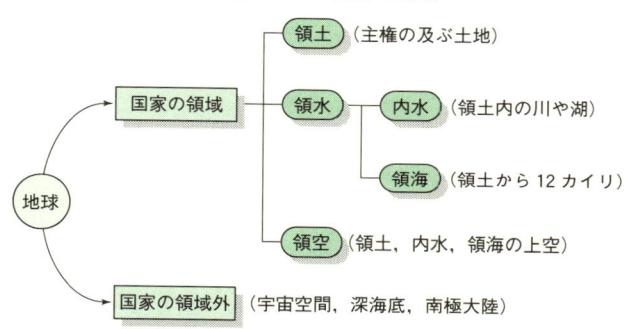

図表 1-3　国家の領域

れを領海における**「無害通航権」**といいます。

「国連海洋法条約」は、領海とは別に、領土から**200カイリ**の**「排他的経済水域」**の設定も認めています。設定した国は、その海域で自由に魚をとったり、資源を掘りだしたりすることが許されます。ただし、**深海底**については人類共通の遺産として、国際的に管理されることとなっています。

ところで、この**「国連海洋法条約」**は、10年以上にわたる長い討議のすえ、1982年にようやく締結されました。しかし、各国の批准作業が進まず、発効したのはさらに12年後の1994年のことでした。合計すると4半世紀ちかい年月がかかったことになります。国家の領域を法的に規定する作業には、これだけ多くの時間と労力が必要となるのです。ちなみに、わが国がこの条約を批准したのは、さらに2年後の1996年でした。

領空　領土、内水、領海の上空が、その国の**「領空」**です。領空は領海とちがって、他国の航空機などが自由に通行することは認められていません。許可なく進入すると領空侵犯行為として国際法違反となります。

ただし宇宙空間については、1966年のいわゆる**「宇宙条**

約」によって領土請求が禁止されています。また，大量破壊兵器の設置も認められないことになっています。

わが国の領土問題

わが国は現在，3つの領土問題を抱えています。いずれも隣国との国境に位置する島の領有権をめぐる問題です。

北方4島（国後島，択捉島，歯舞諸島，色丹島）　第2次世界大戦後，ソ連はわが国の領土である北方4島（北方領土）を不当に占拠しました。これらの4島は，歴史上一貫してわが国の領土であったので，わが国は当然の権利として返還を要求しています。しかし，かつてのソ連も現在のロシアも，これら4島の返還には応じてきませんでした。そのためわが国は，ロシアとは国交を結んでいますが「平和条約」は締結していません。

尖閣諸島　石垣島や西表島にほど近い尖閣諸島は，

図表1-4　わが国の領土問題

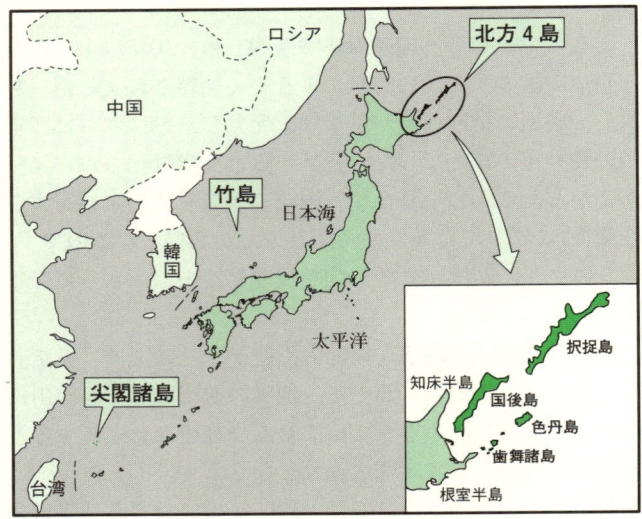

わが国が100年以上も前に沖縄県の一部と定めた無人の島々です。ところが，この周辺に石油資源が存在する可能性がささやかれはじめた1960年代後半から，中国や台湾が領有権を主張するようになりました。わが国は「領土問題は存在していない」との立場ですが，中国船による領海侵犯事件が増えていることなどから，政府は2012年に私有地部分を買い取り，国有化して管理しています。

竹島　日本海の隠岐諸島の北西にある竹島は，韓国がその独立以来ずっと軍隊を駐留させ占拠している島です。韓国では「独島」と呼んでいます。わが国は竹島が歴史的に日本の領土であったことを示して，係争を続けています。

領土紛争

領土をめぐっては，昔から国家どうしの争いが絶えませんでした。領土が原因となって，対立する国どうしが本格的な戦争をしたことも珍しくありません。もちろん現在でも領土紛争は発生しています。しかし，幸いなことに，2国間の全面戦争へと発展するケースは少なくなっています。

なお，領土紛争はしばしば「**国境紛争**」とも呼ばれます。国家の領域を定めた線が「国境」ですが，領土紛争がこの国境線付近に限定されて発生することが多いためです。

イラン・イラク戦争　第2次世界大戦後の本格的な領土紛争の代表例としては，**イラン・イラク戦争（1980〜88）**を挙げることができます。この戦争は，両国の国境を流れるシャットル・アラブ川の領有権問題をめぐって発生しました。この川はチグリスとユーフラテスの2つの大河が合流した川で，最後にはペルシャ湾に流れ込む経済的に重要な河川です。

最初は戦争をしかけたイラクが優勢でしたが，しだいにイランがイラク領内に侵攻するようになり，一進一退を繰

り返しているうちに、戦争は長期化してしまいました。そもそも一般に国境をめぐる紛争は、容易には解決されません。領土などへの国民の思い入れが、政治的妥協を許さないからです。この戦争は、はじまってから

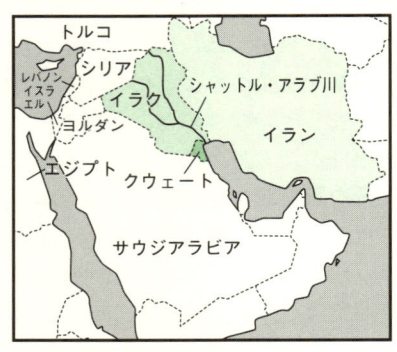

図表1-5　イラン・イラク戦争

8年後に、ようやく**国連安全保障理事会の勧告**を受け入れて停戦となりました。

　ちなみに、この戦争をはじめたのは、後にクウェートに侵攻し、国連の多国籍軍と湾岸戦争を戦った、あのフセイン大統領のイラクです。しかしこのときは、国際社会からあまり責められませんでした。周辺のアラブ諸国はもちろん、欧米諸国もソ連も、この戦争の前年に誕生したイランの過激な宗教政治体制の拡大を恐れたからだといわれています。

　フォークランド紛争　　国家の領域をめぐる争いは、もちろん2国間の国境だけで起きるものではありません。**フォークランド紛争（1982）**がそのよい例です。

　イギリスが領有するフォークランド諸島は、南米アルゼンチン沖500キロメートルほどのところにある島々です。イギリス人が2000人ほど住んでいます。1982年、アルゼンチンは突然この島に軍隊を派遣し、占拠してしまいました。自国の領土であるからというのがその理由でした。

　実際の理由は別にあったようです。そもそも戦争が起こる最大の理由は、**内政の行き詰まり**です。この場合も、内

政で失政を重ねた当時の軍事政権が、人々の目を外に向けようとして、領土獲得戦争をしかけたのではないかと考えられています。

図表1-6　フォークランド紛争

イギリスは、艦隊を派遣して奪回に着手します。イギリスとフォークランド諸島とは、日本とイギリスよりも離れています。そこに本格的な軍隊を送ったのです。アメリカや国連によるぎりぎりの調停もうまくいかず、両国の戦争がはじまりました。イギリス軍は近代兵器を駆使することで島にいたアルゼンチン軍を降伏させ、たちまち領土を取りもどしました。人口約2000人の島をめぐるこの戦いでは、両軍あわせて約1500人の人命が失われました。どんな小さな領土でも、それをめぐって発生する紛争には多くの犠牲が伴います。それでも戦争が島とその周辺海域だけに限定されたために、まだ犠牲者は少なくてすんだようです。

図表1-7　南沙群島問題

南沙群島問題

現在もっとも深刻な領土対立は、南シナ海にある**南沙群島（スプラト**

第1章　国際関係の主体

リー群島）をめぐるものでしょう。この島々については，中国，ベトナム，フィリピン，マレーシア，台湾，ブルネイが領有を主張しています。なにしろ石油の埋蔵が期待される場所だけに，各国ともすでにいくつかの島を支配して，領有権を譲る気配はありません。わが国からもそう遠くないだけに，今後の動向が気になります。

ナショナリズム

国家の要素のうちの「領域」の話をひとまず終えて，今度は「国民」に関連する問題を考えてみましょう。

ナショナリズムの定義　「**ナショナリズム**」とは，国民（＝ネイション）の統一，独立，発展などを求める思想や運動を意味します。たしかにナショナリズムを「民族主義」と訳すこともあるのですが，国民と民族とは必ずしも一致しないので，むしろ**「国民主義」**とでも理解しておいたほうがよいでしょう。

たとえば，人種や民族の多様なアメリカ合衆国で，戦争などの際に「アメリカ国民」としての意識が高められることがあります。これなどは現代におけるナショナリズムの1つの現れです。アメリカ人ならずとも「もっとよい国になるように，お互い国民として努力しよう」などと語り合ってみましょう。すると，そのとき私たちは政治的信条としてナショナリズムを共有していることになります。とにかく**国民の団結**と**国家発展への願い**が，理念としてのナショナリズムの神髄なのです。

ナショナリズムの起源　ナショナリズムの理念は，**フランス革命**と，それに続く**ナポレオンの対外戦争**のなかで形成されていきました。フランスでは，この時代に「フランス国民」としての自覚や愛国心が生まれてきたのです。それは，ヨーロッパ中世のキリスト教に基づく普遍的な意

識とも，国内の各地方ごとの住民意識とも異なるものでした。その後，ナショナリズムの理念は，近代国家を支える精神的要素として，広く西ヨーロッパ各国に普及していきました。こうして誕生した国民意識に支えられた近代国家は，とくに**「国民国家（nation-state）」**と呼ばれています。

民族自決主義と民族解放運動　　ナショナリズムは，20世紀に入ると，国家の独立を勝ちとろうとする政治運動の掲げる理念となりました。第1次世界大戦の収拾にあたって，アメリカの**ウィルソン大統領**が**「民族自決主義」**を掲げたことは，こうした動きに拍車をかけました。その結果，ヨーロッパにおいては，民族（＝国民）を単位とした多くの「国民国家」が誕生したのです。反対に，当時大帝国であったオーストリアなどは，解体を余儀なくされました。

第2次世界大戦が終わると，ナショナリズムは，アジアやアフリカ諸国などの独立運動に大いに貢献しました。植民地が国家としての独立を求めたとき，ナショナリズムの思想は**「民族解放」**と名を変えて，国民の団結をもたらし，独立運動の原動力となったのです。

ナショナリズムの類型　　同じ「ナショナリズム」といっても，19世紀に普及した西ヨーロッパのナショナリズムと，20世紀にアジアやアフリカなどで掲げられたナショナリズムとは，性格をやや異にしています。まず，西欧諸国では，新しい国家体制における**国民意識の高揚**が，ナショナリズムの中心的な目的でした。そのためこれらの国では，ナショナリズムは国民の自由・平等・人権などに配慮した政治運動となりました。これにたいして，アジアやアフリカなどの非西欧諸国では，ナショナリズムが**植民地支配からの独立**をめざす政治運動として用いられました。そのため，どちらかというと国民生活への配慮に欠けた政治理念

第1章　国際関係の主体

図表 1-8 ナショナリズムの類型

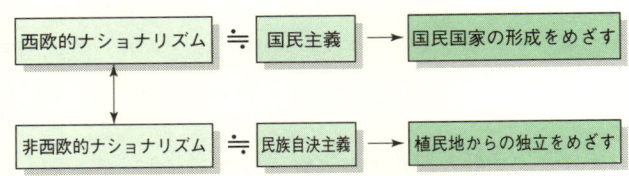

となってしまったのです。

ナショナリズムの問題　ところで，ナショナリズムという言葉を使うときには注意が必要です。それは，ナショナリズムが，しばしば**極端な「愛国主義」**を示す言葉として，一般に悪い意味で使われているためです。たとえば，ある人を「ナショナリスト」だと言えば，それはその人が国民としての自己に過剰な思い入れをしていることを意味します。自己の誇りを国家の栄光と結びつけてしまう，ちょっと危険な人物と評価されているのです。

また，ナショナリズムという言葉は，**「自国中心主義」**や**「排外主義」**を批判するニュアンスでも用いられます。事実，ナショナリズムが強い国は，自国の利益ばかりを追求することが多くなり，結果的には国際社会から非難されることになりがちです。地球単位でものを考えなければならないことが多くなった現在では，むしろナショナリズムを少し抑えるぐらいでちょうどいいのかもしれません。

エスニシティ

エスニシティとは　これまで述べてきた「ネイション」は，「国民」も「民族」も表すことがあるわかりにくい言葉でした。もちろん，国民と民族が同じであるならば問題はありません。しかし，そういう国家は多くはないの

図表 1-9　ナショナリズムとエスニシティ

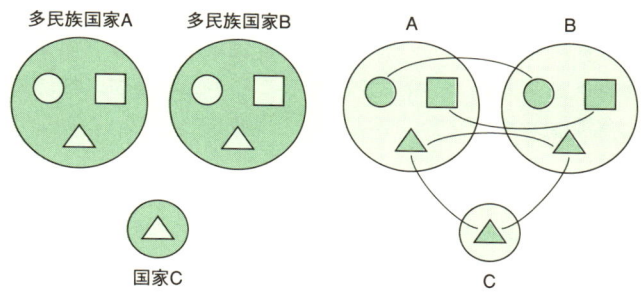

です。また、国際社会の変化によって、国民国家という単位は、しだいに重要性を低下させてきています。それにつれて、国民意識とは異なる「民族意識」が再び強調されるようにもなってきたのです。

1970年代以降、これまでの「人種」や「民族」の代わりに「**エスニシティ**（ethnicity）」や「**エスニック・グループ**」という言葉が使われるようになりました。「エスニック料理」というときの、あの「エスニック」です。国家における「民族的な下位文化集団」を表します。

言うまでもなく、一般にエスニシティが同じ人々は、言語、宗教、生活習慣などからなる民族固有の「文化」を共有しています。ライフスタイルが似ているのです。当然のこととして、文化をとおして個人のエスニシティへの所属意識もつくられます。

こうしてエスニック文化は、自分とは何かという意識（＝アイデンティティ）やプライドの一部を形成するよう

第1章　国際関係の主体　　17

になります。現代社会では価値が多様化しすぎたためか，確固たる自我の立脚点を求める人が増えているといわれます。多くの人がエスニシティにこだわるのは，それが明確な自我を与えてくれるためでもあるのです。

もちろんナショナリズムのときと同様，エスニシティも強く意識しすぎると，排他的な「**自民族中心主義（エスノセントリズム）**」に陥ってしまうことがあります。地球には多様なエスニシティが共存していることを忘れないようにしたいものです。

多民族国家とエスニシティ　　この「エスニシティ」という概念を用いると，民族紛争はもちろん，多民族国家の国内状況なども分析することができるようになります。

たとえば，アメリカ合衆国の「人種問題」は，現在では「エスニシティ」の問題に含められています。アメリカには，**ヒスパニック集団**（ラテン・アメリカ系住民）をはじめとする多くの「エスニック・グループ」があります。最近では「アフリカ系アメリカ人」の問題も，この広い文脈のなかで語られるようになっているのです。

外国人労働者問題　　また，外国人労働者問題も「エスニシティ」の観点から研究されています。たとえばドイツでは，トルコ系の外国人労働者集団がはっきりとしたエスニック社会を築いています。

この外国人労働者問題は，最近わが国でもずいぶん話題にのぼるようになりました。ちなみにわが国は，専門職の外国人労働者は受け入れを認めていますが，**単純労働に従事する外国人**については，原則として**受け入れを制限して**います。しかしこれにも例外があって，中南米などの日系人であれば，日本で自由に働くことが許されます。日本での豊かな生活を夢みてのことなのか，最近では中南米諸国で日系人の養子になることを希望する人が増えたという話

もあります。

わが国の対外政策

国際関係の主体である「国家」の条件について、いろいろと考えてきました。最後に、外交関係を維持するための「統治機構」について簡単に説明しておきましょう。

対外政策とは　国際的な交渉を必要とする政策を一般に「外交政策」と呼びます。ただし、この「**外交**」という言葉は、国際政治における戦略的態度を暗示することもあります（実際に「外交戦略」などという言い方もよく用いられます）。そこで近年では、政治・経済・文化などのあらゆる面について無難に使える言葉として「**対外政策**」を用いることが多くなってきています。

日本の対外政策　わが国で対外政策を担当する官庁は外務省や経産省だけではありません。どんな問題でも国際問題に発展しかねない今日では、あらゆる官庁が対外政策の決定に関与する可能性があると考えたほうが適切です。

もちろん、対外政策を最終的に取りまとめるのは「**内閣**」です。そして国会の支持が得られれば、外務省を中心に各官庁が政策を実行に移します。なお、原則として内閣は自由に対外政策を立案することができますが、実際には憲法によって軍国主義的にならないように制約が課せられています。「**平和外交**」を推進しなければならないのです。

外交交渉には軍事力をちらつかせながら行なう「**脅迫型**」のものがあります。しかしわが国では、武力の威嚇などを背景とした脅迫型の外交交渉は、日本国憲法の理念にそぐわないと考えられています。わが国が掲げる「平和外交」とは、経済交流や文化交流を中心に、対外関係を維持していこうという考え方です。

もう1つ、わが国の外交指針には「**全方位外交**」があり

第1章　国際関係の主体

ます。これは，体制が異なる国も含めて，いろいろな国と差別なく友好関係を築こうという姿勢を表すものです。ただし，この全方位外交は「たてまえ」で，実際には**「対米追従外交」**ではないかとの批判も聞かれます。

条約と批准過程　　対外関係を行なうなかで，国家間で法的な取り決めを結ぶことがあります。これが**「条約」**です。条約は内閣が締結し，その代表者が調印しますが，もちろんそれだけでは効力をもちません。国民の代表者からなる国会での承認が必要なのです。これを**「批准」**といいます。批准が済んで，批准書の交換などの手続きが終了すると，条約は正式に効力をもつようになります。

なお，この条約の批准について，衆議院と参議院の意見が異なるときには，衆議院の議決がそのまま国会の意思となります。いわゆる**衆議院の優越**です。

アメリカの外交政策決定過程

次いでアメリカの外交政策決定過程をみてみましょう。アメリカは大統領制の国なので，議院内閣制のわが国とは異なる点がいくつもあります。

大統領と議会の役割　　アメリカでは，外交の中心的担い手は大統領です。**大統領**は，国家元首として外国使節を接受し，行政府の長として外交活動を行ない，さらに国軍の最高司令官として軍隊の派遣などを決定します。

もちろん**連邦議会**でも対外政策は審議されます。アメリカには民主党と共和党がありますが，安全保障問題に関する強硬論者は共和党議員のほうに多いといわれています。ただし貿易問題については，対日強硬論者や保護貿易論者の多くは民主党の議員でした。なお，**条約の批准権**は連邦議会の上院だけに認められています。批准には上院議員の3分の2以上の賛成が必要です。

図表1-10 アメリカの主要な対外政策機構

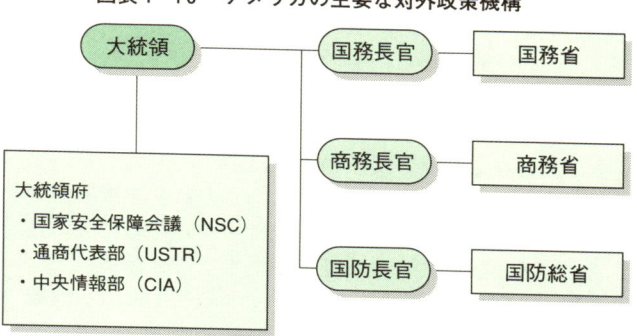

国家安全保障会議　「国家安全保障会議（NSC）」は，大統領のとるべき対外政策や安全保障政策について検討する最高レベルの会議です。大統領のほか，副大統領，国務長官，国防長官，統合参謀本部議長といった人たちが出席します。ちなみに「**国務長官**」というのは，わが国の外務大臣にあたる閣僚です。

大統領の対外政策立案については，この会議の事務局の責任者である「**国家安全保障担当補佐官**」が大きな発言力をもつことがあります。この事務局は大統領府に置かれ，時々刻々と変化する世界情勢を大統領に伝える役割を担っています。大統領から対外政策についてのアドバイスを求められることが，自然と多くなってしまうのです。

アメリカ通商代表部　アメリカの通商政策の立案と実施を担当するのが，大統領府に置かれている「**アメリカ通商代表部（USTR）**」です。この官庁は，**通商法**に基づいて，不公正貿易の調査や勧告を行ない，必要に応じて報復措置の発動を大統領に勧告することができます。

第1章　国際関係の主体　　21

第1章 練習問題

[問] ナショナリズムとエスニシティに関するつぎの記述のうち，正しいものはどれか。

1　ナショナリズムの思想は，20世紀初頭に東欧諸国において形成され，後に第1次世界大戦の引き金となる東欧各民族の対立意識を高揚させた。
2　ナショナリズムは，国民国家の統合を求める政治イデオロギーであり，統合実現のために国内各地域の独自性や自治権を尊重することが多い。
3　第2次世界大戦後，アメリカのトルーマン大統領は民族自決主義を掲げ，アジアやアフリカの植民地の独立を積極的に支援した。
4　エスニシティとは，国家内部における民族主義的な政治意識のことである。こうした民族意識は，国家を分裂させる要因となることから，ドイツはエスニックな政治団体の活動を禁止している。
5　エスニシティの自覚は，個人の自我の安定に寄与しうるが，それは極端なかたちで意識されると排他主義的な自民族中心主義に陥ることもある。

【解答と解説】　1．ナショナリズムの理念は，18世紀末から19世紀初頭にかけて，フランスを中心とした西欧諸国において形成された。2．ナショナリズムは，国民国家の統合を重視するため，地域の独自性や自治権強化を否定することが多い。3．民族自決主義は，第1次世界大戦の収拾にあたってアメリカのウィルソン大統領が掲げた理念である。4．エスニシティはたしかに国民意識とは異なる民族的な意識を高めるが，それがそのまま国家の分裂を招くとはかぎらない。またドイツで活動を制約されることがあるのは，ネオナチのような過激なナショナリストの政治団体である。5．正しい。

正答　5

国際関係の歩き方① 政府と議会の見学

白亜の豪邸 国際関係を勉強していると，世界的に重要な決定が行なわれている場所を見たくなったりしますよね（？）。そんなときは，とりあえずホワイトハウスに行ってみましょう。アメリカ大統領が出迎えてくれることはまずないと思いますが，「この建物のどこかにいるんだぁ」という感覚を味わうことができます。このとき，さりげなく上を見上げるのがポイント。見学できるのは1階の一部なのですが，大統領の部屋は2階にあるからです。なお，見学したい人はよく調べてからお出かけください。昔とちがって，9.11以降は見学も制限されることがあるようですので。

キャピトル・ヒル アメリカでは，連邦議会のことを「キャピトル（the Capitol）」と呼びます。ローマ時代のカピトリヌスの丘にあったジュピター神殿にあやかって付けたのだそうです。おかげで「Capital（首都）」に「Capitol（議会）」があることになってしまいました。ずいぶんまぎらわしい話です。ここにも見学コースがあります。

イギリスの国会議事堂 高い時計塔（ビッグ・ベン）をもつことで有名なイギリスの国会議事堂。残念ながら観光目的で内部を見学することは許されていません。テロを警戒してのことだそうです。ところが，見学はだめでも，なぜか傍聴なら中に入れてくれます。ということで，イギリス国民のふりをして議会の傍聴に出かけましょう。幸い，イギリスは日本とちがって，頻繁に議会審議があります。ただし見学するなら「庶民院」よりも「貴族院」のほうがきれいでいいでしょう。どうしても貴族趣味がいやなら庶民院を見てもかまいませんが，庶民の生活は議員になってもなお慎ましやかなものです。

第1章　国際関係の主体

はじめて学ぶ 国際関係

第2章

国際関係の理論
……君は現実主義者か理想主義者か？

現実主義者と理想主義者

　私たちは他人を評価するとき，さまざまな分類基準や尺度を用います。血液型で性格を判断する人もいますし，理系か文系かという尺度を重視する人もいます。

　国際関係を勉強していると，つい周りの人を現実主義者か理想主義者か，という類型でみてしまいます。これがけっこう有効なのです。実際に，就職や結婚といった人生の重大な場面では，現実主義者と理想主義者の対応は大きく異なります。こうしたことに夢を追い求める理想主義者もいれば，金銭の豊かさなどをまず重視して判断する現実主義者もいるのです（ただし最近では，現実も直視せず，理想ももたないような人がいるので，この分類にも限界があるようです）。

　この現実主義者と理想主義者のちがいは，世界情勢をみるとき顕著に表れます。一方には，みんなが仲良くすれば平和が保たれると信じ，国際協力などに期待する人がいます。他方，しょせん世界は力のある国が動かしていくのだと考えて，アメリカや中国など大国の動向に注目している人もいます。こうした人間のタイプのちがいに基づく2つの見方は，国際関係の理論にそのまま反映されています。国際関係には**「現実主義」**と**「理想主義（制度主義）」**と呼ばれる理論のグループが存在するのです。

　現実主義者と理想主義者は理解しあうことがむずかしいのか，2つの理論グループはよく批判しあっています。理想主義者が楽観的な未来を語ったりすると，たいてい現実主義者は悲観的な見方をして，それを嘲笑します。そんな甘い考えではダメだというわけです。しかし，実際には理想主義的な努力が現実を打開することもあります。現実主義者のように現状を重視しすぎると，未来が開けてこなく

なることもあるのです。

現実主義者と理想主義者は,悲観性と楽観性,現状志向と未来志向といった,性格や視点の「癖」をもっています。「癖」のちがう者どうしは,なかなか理解しあえないということなのでしょう。

国際関係理論の系譜

ミクロとマクロ　個々の理論の説明に入る前に,まず国際関係の理論の系譜を簡単に整理しておきましょう。理論の詳しい内容については後で説明しますので,ここではどういう種類の理論があるかを大まかに理解しておいてください。

まず,国際関係の理論は,世界全体の動きを説明しようとするものと,1国の対外政策の形成過程を分析しようとするものとに大きく分けることができます。経済学のまねをして,便宜的にこれらを「マクロ」・「ミクロ」と呼ぶこととしましょう。さきに述べた**現実主義理論**や**理想主義理論**の系譜は,世界全体についての理論なので「マクロ」に含まれます。このほか,マルクス主義の立場に立つ**構造主義理論**も「**マクロ**」理論に含まれます。

一方,「**ミクロ**」理論には,**対外政策決定論,連係理論**（リンケージ論）,**ゲーム理論**などがあります。これらは,国際社会で国家がどういう態度をとるかを,その国の政策決定過程や政治指導者の意識などから分析しようとするものです。たしかに世界の動きをマクロ的にとらえることも重要です。しかし,戦争などの具体的な国際問題は,政治指導者の決断ひとつで解決できることもあります。「ミクロ」理論は,世界を動かしているのは結局は人間であるという立場から,さまざまな国際関係の変化を分析しようとするのです。

図表 2-1　国際関係のミクロ理論とマクロ理論

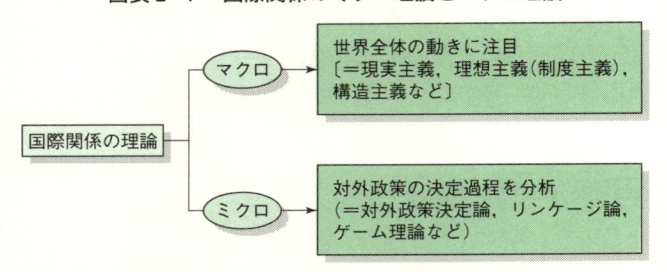

国際関係の理論
- マクロ：世界全体の動きに注目〔＝現実主義，理想主義（制度主義），構造主義など〕
- ミクロ：対外政策の決定過程を分析（＝対外政策決定論，リンケージ論，ゲーム理論など）

現実主義理論の系譜

「**現実主義理論**」は，国際紛争の存在を念頭に置いた「**力の政治**」の理論です。国際社会には，必ずなんらかの「もめごと」があります。こうした「もめごと」を解決して国際秩序を回復するには，政治的・経済的・軍事的な「力」を利用しなければならない，というのが現実主義理論の立場です。

もちろん「力」を積極的に使うことだけが，問題解決への道ではありません。対立する国との「力のバランス」を維持することも重要です。なぜならば，それは少なくとも一時的には世界に安定状態を作りだすからです。こうして現実主義は，まず「**勢力均衡**」を重視する理論として発達していきました。

米ソ冷戦が深刻化した1940年代後半から50年代にかけて，アメリカでは多くの現実主義理論が提唱されました。ソ連を中心とした軍事同盟に立ち向かう方法を考えるためには，現実主義的な世界認識が有効だったからです。勢力均衡論を体系づけた**H.モーゲンソー**，ソ連にたいする「封じ込め政策」を提唱した**G.ケナン**，後の国務長官**H.キッシンジャー**などが，この時期の現実主義理論の担い手でした。かれらは現実を見据えて研究活動を行ない，また自らも外交の実務にかかわりました。

しかし，ソ連の力にかげりが見えはじめると，米ソの対

立を念頭に置いた初期の「現実主義」はしだいに衰退していきました。代わって1970年代後半からは，「覇権」に着目した**「新現実主義」**理論が登場してきます。**「覇権」**とは世界を動かす圧倒的な力です。「新現実主義」理論は，これを1国がもつことこそ世界の安定の基礎となると主張しています。R．ギルピンやC．キンドルバーガーの**「覇権安定論」**やG．モデルスキーの**「覇権循環論」**などが，この理論グループに属しています。

そのほか，K．ウォルツの**「構造的現実主義」**という理論もあります。ウォルツは，戦争の原因は国際システムのあり方によって生じるとして，大国の数や性格の重要性を指摘しました。

理想主義理論（制度主義理論）の系譜

「理想主義理論」は，国家間の友好や協調が平和をもたらすという**「和の政治」**の理論です。国連や国連専門機関などの「国際機構」を国家間の友好や協調を形にしたものととらえ，その機能の強化を主張します。このため，国際関係では，理想主義理論は通常**「制度主義理論」**と呼ばれています。

制度主義理論のうち，1950年代から60年代にかけて提唱されたものをとくに**「国際統合理論」**と呼びます。議論の中心が国家と国家の結びつきを強化する方法に置かれていたためです。E．ハースの**「新機能主義」**理論やK．ドイッチュの**「相互作用主義（交流主義）」**理論は，この国際統合理論の代表的な研究です。

時代が進むとともに，制度主義理論には都合のよい状況が出現してきました。世界中で国家間の相互依存が進み，とくに西ヨーロッパなどでは国家の統合まで模索するようになったのです。こうした状況を受けて，1970年代後半以降，**「新制度主義」**と呼ばれる理論グループが登場してきます。そして，R．コヘインを中心に，**「相互依存論」**や

図表2-2 マクロ理論の系譜

現実主義	理想主義=制度主義	構造主義
(現実主義理論) (1950〜60年代) ⇩ 力の政治と勢力均衡を重要視 ◎勢力均衡論 (H. モーゲンソー)	(国際統合理論) (1950〜60年代) ⇩ 国家の統合を促進する方法を模索 ◎新機能主義理論 (H. ハース) ◎相互作用主義 (交流主義)理論 (K. ドイッチュ)	(初期の構造主義理論) (1950〜60年代) ⇩ 先進国の途上国搾取を批判 ◎従属論 (A. フランク) ◎構造的暴力論 (J. ガルトゥング)
(新現実主義理論) (1970年代〜) ⇩ 覇権国の存在と交代を重要視 ◎覇権安定論 (R. ギルピン) (C. キンドルバーガー) ◎覇権循環論 (J. モデルスキー) ◎構造的現実主義 (K. ウォルツ)	(新制度主義理論) (1970年代〜) ⇩ 相互依存時代の協調体制を模索 ◎相互依存論 (R. コヘイン, J. ナイ) ◎国際体制(レジーム)論 (R. コヘイン)	(世界システム論) (1970年代〜) ⇩ 資本主義的な世界経済システムの問題を指摘 ◎世界システム論 (I. ウォーラーステイン)

「国際体制論（レジーム論）」といった理論が次々と提唱されたのです。

構造主義理論の系譜　国際関係理論には，マルクス主義的な視点をとる理論もあります。資本主義経済の構造から世界情勢を説明しようとする**「構造主義理論」**です。この理論は，資本家と労働者の関係を，そのまま先進国と途上国の関係に置き換えます。そして，先進国が資本家のように，途上国を「搾取」していることが問題だと主張するのです。1960年代の**「従属論」**や**「構造的暴力論」**にはじまり，80年代の**「世界システム論」**まで，この系譜にもさまざまな理論が存在します。

勢力均衡論

それでは，現実主義，制度主義（理想主義），構造主義の順に，個々の理論をみていくことにしましょう。まず最初は，現実主義理論です。現実主義の基本的考え方は，その基礎概念を整理することで明らかにできます。

勢力均衡　現実主義理論の中心的概念の1つに**「勢力均衡（balance of power）」**があります。敵対する国どうしの力のバランスが，国際関係の安定にとっては重要であるとする考え方です。

もちろんこうした考え方は，古今東西，国家対立のあるところではいわば「常識」でした。何しろ敵対する国のほうが強ければ，自分たちの国が滅ぼされてしまうかもしれないのです。当然のこととして，弱い国は生きのびるために他国との**「同盟」**を模索しました。こうして，敵対関係にある2つの国は，勢力の比率を計算しながら，まわりの国を次々と同盟関係に引き込んでいきます。おそらくこの同盟外交は，似かよった力をもつ2つの大きな国家同盟ができたところで一段落したことでしょう。「勢力均衡論」

第2章　国際関係の理論

が安定とみる状態が生まれたわけです。

しかし実際には，バランスは微妙に崩れていきます。また，なかには無謀な戦争をはじめる国もあるでしょう。こうして，何かの拍子に同盟と同盟とが本格的な戦争をはじめると，戦火は各地に飛び火して大戦争となります。今世紀の2つの大戦が「世界大戦」となったのも，同盟関係が世界規模で拡大していたためです。つまり「勢力均衡」は大きな危険を伴う戦略でもあるのです。しかし，こうした歴史の教訓があるにもかかわらず，第2次世界大戦後の米ソの冷戦においても，軍事力のバランスの追求や軍事同盟の形成といった現象がみられました。敵対国があるときに「勢力均衡」という発想を捨てることは，やはりなかなかむずかしいようです。

国力　ところで，なぜ国家は「勢力的」または「権力的」に活動するのでしょうか。現実主義理論の代表的研究者である**H.モーゲンソー**は，その答えを**人間の「権力欲」**に求めます。最近は「欲」の少ない人が多くなったといいますが，少なくとも国家の指導者になるような人には，たいてい権力欲や支配欲があります。ヒトラーほどでなくても，多くの政治家がいまも自国の力を高め，世界に影響を与えることを願っているのです。

モーゲンソーは，国家の対外活動は，基本的にその国の力，つまり「国力」を守ったり増やしたりするために行なわれていると考えました。国家どうしの駆け引きや戦争は，すべて**「国力をめぐる闘い」**であると考えるのです。そうすれば，各国の「国力」をみて国際情勢を分析することができるようになります。

もちろん，ここでいう「国力」を軍事力だけを意味するわけではありません。天然資源や国民性だって立派な国力です。つまり，国力はその国の総合力なのです。

国益　　国家にとって，国力を保全し増進させることは「利益」です。これを「**国益（national interest）**」と呼びます。モーゲンソーは，個々の対外政策の善し悪しは，基本的にこの「国益」の増減によって評価できるといいます。

　国益のなかでとくに重要なのは，**国家の安全保障**です。現実主義理論は，力の支配する国際社会において国家の安全を確保するには，**「勢力均衡外交」**がもっとも適切であると考えます。外交などによって，慎重に各国の力のバランスを保つようにすれば，国家は安泰というわけです。モーゲンソーも，現実的判断のうえにこそ平和は成立すると述べています。

覇権安定論

　同じ「力」をもとに国際関係を分析する理論でも，「新現実主義」の理論は，力のバランスではなく，圧倒的な力である**「覇権（ヘゲモニー）」**に着目します。国際関係論では，国際社会の覇者となって，まわりの国々に強い影響力を行使する国を**「覇権国」**と呼びます。新現実主義はこの「覇権国」のあり方が国際情勢の全体像を決定するというのです。

覇権安定論　　**「覇権安定論」**とは，文字どおり，覇権国の存在が世界を安定させているとする理論です。つまり国際システムは，覇権国が強大なときには安定し，その力が衰えるとともに不安定になってくるというのです。

　国際システムが不安定になると，つぎの覇権国が求められるようになります。ただし残念ながら，古い覇権国から新しい覇権国への交代は，なかなかスムーズにはいかないようです。新現実主義理論の研究者たちは，口をそろえて**「覇権戦争」**が避けられないといいます。新たに覇権国をめざす国は，古い覇権国を力で負かさなければならないのです。

図表 2-3　覇権安定論

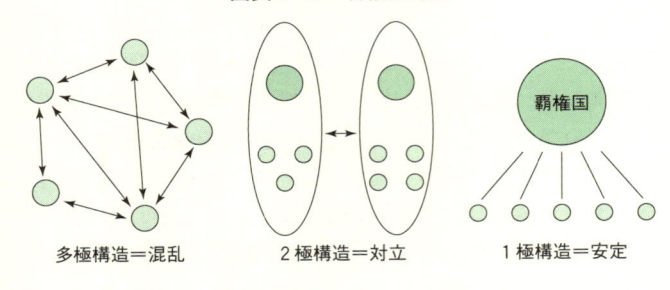

多極構造＝混乱　　２極構造＝対立　　１極構造＝安定

国際公共財　ところで，どうして世界は覇権国を必要とするのでしょう。覇権安定論の代表的理論家である**R．ギルピン**らの説明はこうです。

まず，自由な貿易体制や国際社会の平和を「**国際公共財**」と考えます。どの国もその利益を享受できるからです。しかし，こうした国際公共財は膨大なコストを必要とするため，なかなか自発的には提供されません。たとえば「世界平和」という国際公共財を提供するとしましょう。そのためには，世界中の戦争をやめさせるだけの軍事力や経済力が必要となるはずです。よほどの覇権国でないと，こうした役は務まりません。

もちろん，覇権国になれば大きな「見返り」も期待できます。多くの国に影響を与えながら，自己の国益を増進させられるのです。また，世界を「仕切る」ことが許されたのですから，自分でルールを作って，それに違反した国を罰することだって可能です。国力の弱い国は，覇権国に国際公共財を負担してもらう代わりに，その「わがまま」をある程度は許容しなければならないことになります。

覇権戦争　ところが，多大なコストを負担しているうちに，覇権国の力は落ちていきます。そして，しだいに負担に耐えきれなくなってくる頃，待っていたかのように新

たに覇権をめざす国が現れるのです。こうして覇権をめぐる新旧の対立がはじまります。その結末は，**「覇権戦争」**です。歴史上はそうでした。

しかし，歴史は歴史です。これからの時代に，覇権国をめぐる「戦争」が起きるとはいいきれません。こういう理論があるからこそ，覇権戦争にならないように対策を立てることもできるからです。

覇権循環論

覇権の交代という点に着目して，その循環のメカニズムを探ろうというのが「覇権循環論」です。代表的理論家である**G．モデルスキー**は，1500年頃からの近代の国際システムが「世界大国」の覇権の循環によって支えられてきたといいます。

世界大国　「世界大国」とは，自らの負担において国際秩序を維持することのできる大国です。たんなる「地域大国」とちがって，活動の規模が世界的でないと「世界大国」とは呼びません。そのため，こうした世界大国は，近代の国際システムに特有のものと考えられています。

この500年間，世界大国をめざした国はいくつかありました。しかし，結局うまく世界大国となって，覇権を謳歌(おうか)できたのは，**ポルトガル**（16世紀），**オランダ**（17世紀），**イギリス**（18世紀と19世紀），**アメリカ**（20世紀）の４か国だけです。これらの国は，たしかにその当時，世界を動かす大国でした。事実，いまでも，世界各地でこれらの世界大国の影響の跡を見ることができます。

わが国も例外ではありません。世界大国であったとき，ポルトガル人は鉄砲をもって，オランダ人は蘭学をもってちゃんとわが国にまでやってきています。またイギリスの影響で，わが国では自動車が左側を通行し，郵便ポストが

第２章　国際関係の理論

赤くなりました（もしドイツの影響を受けていたならば，郵便ポストは黄色だったはずです）。20世紀の覇権国であるアメリカの影響については，いまさら述べるまでもないでしょう。

世界大国の条件

おもしろいことに，世界大国にはいくつかの共通点があります。まず，これらの国は，**島国ないし半島**で，地理的に外海に向いて開かれています。それだけ海外に出ていきやすかったわけです。また，**内政には競合**があり，しかも安定していました。つまり，独裁的な中央集権体制をとった国にはない自由な風潮があったわけです。さらに，**世界経済でも主導的役割**を果たしていました。貿易はもちろん，国際金融においても強い力を発揮していたのです。そしてもちろん，世界に影響を及ぼすための**戦略的組織**をもっていました。強大な海軍です。これまでの世界大国は，機動性の高い海軍の力を利用して，世界に覇を唱えることに成功したのです。

反対に，世界大国に挑戦したスペイン，フランス，ドイツ，ソ連といった国々は，いずれも大陸国でした。もしかすると，これらの国の人々は，世界大国をめざすには情緒や趣味が豊かすぎたのでしょうか。音楽・美術・料理などの点では，世界大国の側よりも明らかにまさっているように思われます。イギリスやアメリカなど世界大国は，その代わり経験的な科学を大いに発展させました。

覇権国の循環

これらの世界大国は，制度的疲労などの要因によって，約100～120年のサイクルで交代する宿命にあるとされます。ただしイギリスは例外で，産業革命によって力を回復し，2度目の覇権を担うことに成功しました。

モデルスキーも，覇権の循環の最終局面では，やはり「世界戦争」が起きると指摘しています。ただし，世界戦

図表 2-4　覇権循環論

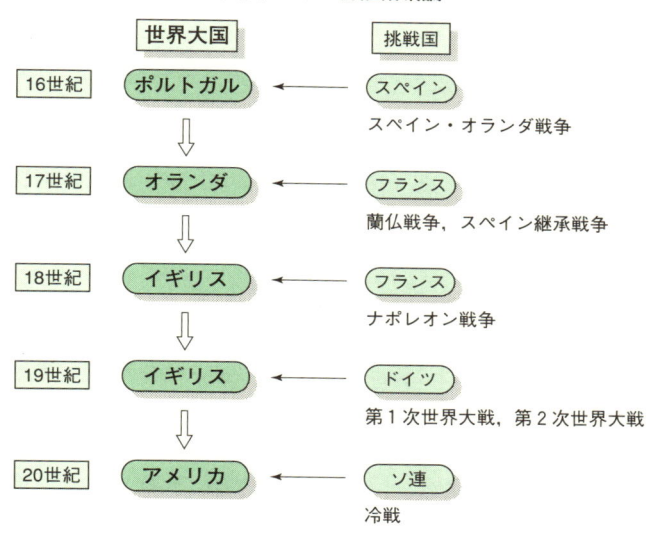

世紀	世界大国	挑戦国	戦争
16世紀	ポルトガル	← スペイン	スペイン・オランダ戦争
17世紀	オランダ	← フランス	蘭仏戦争，スペイン継承戦争
18世紀	イギリス	← フランス	ナポレオン戦争
19世紀	イギリス	← ドイツ	第1次世界大戦，第2次世界大戦
20世紀	アメリカ	← ソ連	冷戦

争で勝った国がつぎの覇権国となるとは限りません。覇権国もそれに挑戦する国も，世界戦争を戦うと国力を消耗してしまいます。ですから，つぎの世界大国は，むしろ覇権国を応援した国のなかから登場することが多いというのです。

　たとえば，イギリスの覇権に挑戦したのはドイツです。今世紀前半，ドイツはイギリスに2度も戦いを挑んで，2度とも負けてしまいました。この世界戦争の後，覇権国となったのは，イギリスを支えたアメリカでした。衰退しつつある世界大国を支えようと努力した国が，実際につぎの覇権の継承者となったのです。

国際統合理論

それでは今度は「**制度主義理論（理想主義理論）**」の系譜をたどっていくことにしましょう。最初に取り上げるのは，1950年代に提唱された初期の制度主義理論である「**国際統合理論**」です。平和維持のために，国家と国家の結びつきを強化すべきであるとの立場をとります。ここには，新機能主義と相互作用主義（交流主義）という2つの理論が含まれます。

新機能主義理論　「**新機能主義**」は，戦前に提唱されたD.ミトラリーの「機能主義」を発展させた理論です。国際統合を進めるには国家機能を共有させればよい，というのが基本的な考え方です。「新機能主義」理論の提唱者であるE.**ハース**は，国家の経済機能の調整や統合を重視します。経済問題を扱う国際機構が発達すると，各国の政治面での協力も促進されるにちがいないと考えたのです。

この新機能主義の理論は，1つの仮説のうえに成り立っています。国家統合がある領域で実現すると，しだいに別の領域へと波及していくという「**スピル・オーバー仮説（波及仮説）**」です。通常この仮説では，経済統合から政治統合への波及がイメージされます。欧州連合（EU）がうまくいけば，この仮説は検証されたことになるはずです。

相互作用主義理論　「**相互作用主義（交流主義）**」は，K.**ドイッチュ**が提唱した理論の呼び名です。かれは，国家間の交流に着目し，その増大こそが国際統合を進めると主張しました。なお，かれのいう「**交流（相互作用）**」には，国民どうしの**コミュニケーション**だけでなく，モノやカネの流れである**トランザクション**も含まれています。

ドイッチュによれば，国際統合の究極の目的は，関係国

図表 2-5　国際統合理論

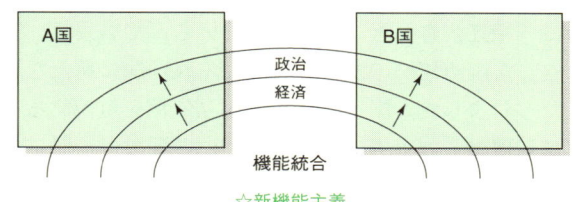

```
A国                          B国
          政治
          経済
          機能統合
```
☆新機能主義

```
A国                          B国
        我々意識
  ○ ←——→ ○ コミュニケーション
  ○ ←——→ ○ トランザクション
        安全保障共同体
```
☆相互作用主義（交流主義）

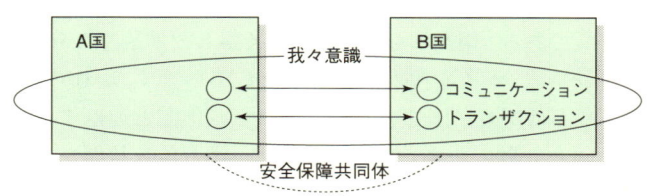

家間に戦争の心配がまったくなくなる状態をつくりあげることです。これをかれは **「安全保障共同体」** の成立と呼びます。この安全保障共同体にとってもっとも重要なことは，それぞれの国民のあいだに「我々意識」が芽生えることです。国際交流は，少しずつでも着実に，この「我々意識」をつくっていきます。やはり国際交流は平和の礎というわけです。

相互依存論

　　新制度主義理論　　国家間の経済交流が進んだり，経済活動がボーダレス化したりしてくると，どの国もなんらかのかたちで他国に依存し，その影響を受けるようになります。事実，アメリカ経済の不振は，わが国の経済に多大な影響を与えますし，わが国の経済がおかしくなってくると，東南アジア諸国の経済状況も悪化してくるはずです。いま

や国家と国家は密接に依存しあっています。依存は通常一方的なものではないので、国家間の依存関係については、一般に**「相互依存」**という言葉が用いられています。

こうした国際情勢の変化は、制度主義理論に新たな展開をもたらしました。国家どうしの相互依存を重視する**「新制度主義理論」**の登場です。その初期の理論は一般に「相互依存論」と呼ばれています。そして、それを発展させたのが、「国際体制論（レジーム論）」です。

相互依存論　**「相互依存論」**は、現代の国際システムの特徴である「相互依存」の意義を考察した理論で、**R.コヘイン**や**J.ナイ**を代表的理論家としています。かれらは、いまやどの国も、国をよくしたければ、他国と連携するしかないと主張します。端的にいえば、相互依存状態をつくれないような国家は、ダメになっていくというのです。

ところで、現代の国際的な「相互依存」は、かれらが**「複合的相互依存」**と呼ぶように、じつに複雑な様相を呈しています。まず第1に**「国際関係の主体の多様化」**が顕著です。相互依存状態は、何も国家だけがつくりだしているわけではありません。むしろ、多国籍企業をはじめとする多くの国家横断的な主体が、相互依存の形成に大きな役割を果たしているのです。

第2に、相互依存においては**「対外政策における優先順位の不在」**が見られます。相互依存が進むと、安全保障問題は最優先課題ではなくなってきます。代わって経済問題などが、対外政策上の重要課題となってくるのです。

第3に、相互依存は**「軍事力の有効性に限界」**をもたらします。実際、相互依存状態にある国どうしがもし敵対したとしても、その解決に軍事力を使うことは困難です。軍事力の使用は、相手国だけでなく、自国の経済資源をも破壊しかねないからです。

図表 2-6　新制度主義の視点

現実主義	新制度主義（相互依存論）
国際関係の主体は国家	国際関係の主体の多様化 （＝国家横断的主体の活躍）
対外政策では安全保障優先	対外政策には優先順位不在 （＝経済問題の重要性の増大）
軍事力は有効	軍事力の有効性に限界 （＝脆弱性が「武器」に）
結局，世界は「力」で動く	世界は「協調」の時代へ

　こうした相互依存の特徴は，「力」を中心にものを考える現実主義や新現実主義の理論にたいする大きな批判となっています。相互に依存しあっている世界では，力を振り回すことなど必要なくなってしまうからです。

　代わって求められるのは**「協調」**です。正確にいえば，何がなんでも「協調」しなければならなくなるのです。他者に依存するということは，「もろさ（脆弱性）」を背負うことでもあります。相手がいなくなると，生きていけないことだってあるからです。相互依存関係において国際協調が最優先課題とされるのは，お互いにこうした「もろさ」をカバーしようとするためです。

　しかしこれは，見方を変えれば，協調が「武器」になることを示唆しています。相互依存の時代，対外関係における駆け引きは，政策協調に応じるか応じないかをめぐって生じるのです。相手にいうことを聞かせたければ，いまや

別に暴力を振るう必要はありません。もう協力してやらないと，スネちゃえばいいわけです。

国際体制論（レジーム論）　そんなに「協調」が重要だというのなら，政策協調を行なう仕組みを制度化してしまえばいいではないか，ということになります。ちゃんとした国際機関でなくてもいいのです。大まかなルールを作っておいて，それをみんなで守ることにするだけでも，多国間の相互依存関係はその安定度を増すはずです。

こうした緩やかな制度は「**国際体制（レジーム）**」と呼ばれています。

国際環境保護については，すでにそのような国際制度ができあがっています。気候変動枠組み条約（温暖化防止条約）や京都議定書のようなルールとその運用を中心とした国際会議のメカニズムは，ここでいう「レジーム」の好例といえるでしょう。

レジームを高く評価する研究者たちは，レジームがいくつかあれば国際システムは安定するといっています。新現実主義理論が信奉する「覇権国」など，もういらないというわけです。レジーム論と覇権論，はたしてどちらに軍配があがるのかは，これからのお楽しみです。

構造主義理論

マルクス主義の階級理論の類推から国際システムの現状を分析しようというのが「構造主義理論」です。資本家と労働者の対立を先進国と途上国の対立に置き換える点に特徴があります。

従属論　初期の構造主義理論の1つにA．**フランク**らの「**従属論**」があります。1960年代にラテン・アメリカの地域研究から生まれてきた理論です。先進国が途上国を自己の経済システムに組み込み，途上国の経済余剰を搾取し

ていると指摘しました。

構造的暴力論　　一方，J.ガルトゥング に代表される北欧の研究者は**「構造的暴力」**の概念を提起しました。暴力を振るう人間がいなくても，苦痛を感じている人がいるならば，そこには「構造的暴力」があるはずだというのです。ガルトゥンクは，途上国の貧困問題などを取り上げ，それは先進国が作りだした経済構造が「構造的暴力」を振るっているためだと批判したのです。

世界システム論　　従属論と構造的暴力論は，明らかに先進国を批判することを念頭においた理論でした。その点で，これらの理論にかたよりがあることは否定できません。しかし，構造主義の系譜のなかにも，かなり完成度の高い一般理論があります。1970年代から80年代にかけて，I.**ウォーラーステイン**が提唱した**「世界システム論」**です。

ウォーラーステインは，まず現在の国際システムが，どうして多数の主権国家から構成されているのかを考察します。マルクス主義の立場に立つウォーラーステインは，この問題を経済的要因，とりわけ資本主義の発達という要因から説明します。多数の国家が分立しているのは，世界全体の資本蓄積にとって，国家が分業関係にあるほうが都合がよいからだというのです。だから資本主義の「世界経済システム」のもとでは，1つの帝国が世界を支配することがないのです。

中心国，準周辺，周辺国　　ウォーラーステインは，つぎにこの資本主義的な「世界経済システム」が，国家をどう多様化させてきたかを歴史的に検証します。近代の歴史には，たしかにさまざまな国家の盛衰がありました。しかしウォーラーステインは，いずれの時代の「世界政治システム」にも，「3層構造」が存在したことを突きとめたのです。

図表 2-7　世界システム論

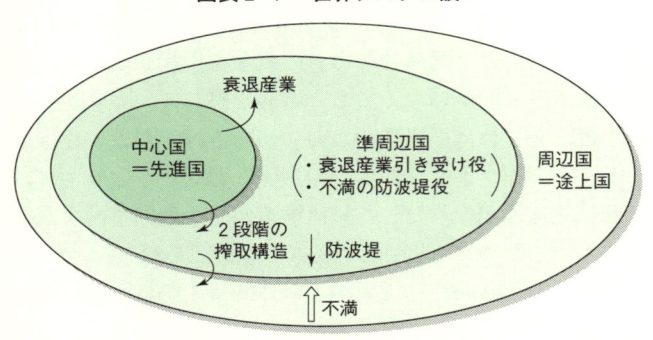

- 中心国＝先進国
- 衰退産業
- 準周辺国（・衰退産業引き受け役 ・不満の防波堤役）
- 周辺国＝途上国
- 2段階の搾取構造
- 防波堤
- 不満

「3層構造」の各層は，「中心国」「準周辺国」「周辺国」と名づけられました。**「中心国」**とは，資本主義経済の恩恵をもっとも受けている先進工業国のことです。これにたいし，開発途上国は世界政治の**「周辺国」**とみなされます。ここで興味深いのは，その中間に位置する**「準周辺国」**の存在です。この「準周辺国」は，中心国からの搾取を受けつつ，一方では周辺国を搾取する国家群ですが，これが中心国からみると，じつに便利な存在なのです。たとえば準周辺国は，政治的には周辺国の不満にたいする防波堤の役割を果たしてくれます。また経済的には，時代遅れになった産業の受け皿にもなってくれるのです。

マルクス主義は，どうしても世の中を2つのものの対立と考える癖があります。しかし，ウォーラーステインは3つのものの相互関係を考えました。かれの理論の斬新さは，マルクス主義が陥りがちな単純な二分法を避けた点に由来しているようです。

国際関係のミクロ理論

現実主義，制度主義，構造主義と，世界全体を説明するマクロ理論ばかりみてきました。今度はミクロ理論を取り

上げましょう。対外政策やその決定過程を分析するミクロ理論には、さまざまなものがあります。政治指導者の意思決定メカニズムを心理学的に分析しようというものもあれば、ゲームの理論を応用してとるべき政策をモデル化する研究もあります。ここでは、こうしたなかから、国際関係理論の古典となっている2つの理論を紹介しておきましょう。

対外政策決定の3モデル　　「**対外政策決定論**」は、対外政策をだれがいかに決定しているか、を分析するための理論です。たしかに「たてまえ」としては国家の指導者が最終的な決断を下すのでしょうが、外務省のような組織の役割も軽視するわけにはいきません。対外政策決定論の代表的理論家である**G.アリソン**は、この点を調べようとして、まず3つのモデルを作りました。それらと現実とを比べることで、実態を明らかにしようというわけです。

　第1のモデルは、「**合理的行為者モデル**」です。一握りの国家指導者たちが、合理的に対外政策を決定していると考えるモデルです。かれらは、国家利益の極大化を目的として、それを達成する選択肢から最善のものを選びだすと仮定されています。第2のモデルは、「**組織過程モデル**」です。対外政策の大半は、外務省などの政府機関が、その日常活動のなかで決定してしまっていると考えるモデルです。これだと政治指導者には、選択の余地があまり残っていないことになります。第3のモデルは、「**官僚政治モデル**」です。対外政策は政府内の各組織の政治的駆け引きによって形成される、と考えます。官庁どうしはよくライバル関係になるので、決定された政策は官庁間の争いと調整の結果にちがいないというわけです。

　アリソンは、キューバ危機などを事例として、この3モデルを検証してみました。その結果、少なくとも決定され

図表 2-8　アリソンの 3 モデル

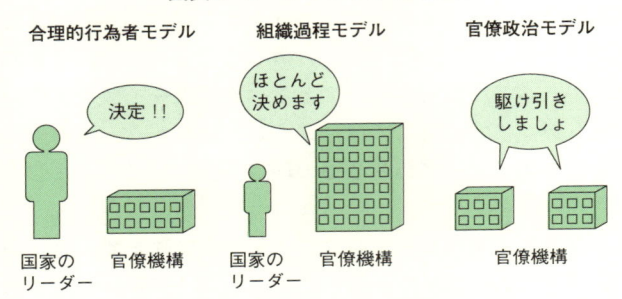

合理的行為者モデル	組織過程モデル	官僚政治モデル
国家のリーダー「決定!!」／官僚機構	官僚機構「ほとんど決めます」／国家のリーダー	官僚機構「駆け引きしましょ」／官僚機構

た外交政策は，最高指導者が自由に選択したものではないことがわかりました。決定には国家を構成する複雑な組織がいろいろと関与していたのです。しかし，この 3 つのモデルは，どれか 1 つが完全に正しいわけではありません。むしろ政策決定過程を構成する 3 つの要素になっているのです。アリソンも，最終的にはこれらの 3 モデルを併用することが，対外政策の決定過程をもっともよく説明する方法であると述べています。

連係理論　「**連係理論（リンケージ論）**」とは，内政と外交のつながりを分析するための理論です。国際関係で「リンケージ」というときは，国際政治と国内政治が密接に結びつき，相互に影響しあっている状態をさします。国内の産業政策が外交上の問題となったり，外交上の配慮から内政が変更されたりするとき，そこにはリンケージ現象が見られるのです。

J.ローズノウは，内政と外交におけるこの複雑な関係を明らかにしようと，いくつかの分析概念を提唱しました。まず，リンケージ現象が見られる国家を「**浸透性体系**」と呼ぶことにします。内政が外交の問題となりうるということは，その国家に属していない主体が政治的決定に参加していることを意味します。そうした国家は「浸透性」をも

っていると定義するのです。

　この浸透性体系においては，個々の政策を「内政問題」と「外交問題」に分けることは無意味です。そこで，ローズノウは，政策を**問題領域**ごとに分類しようといいます。かれのいう「問題領域」は，国際政治や国内政治，さらには地方政治まで貫く政治的争点の基本類型です。昔は，それぞれの政治のレベルごとに固有の問題領域があると考えられていました。地方政治の問題と国際問題とはまったくちがうと考えていたのです。しかし，いまはあらゆるレベルの政治をつなぐ問題領域を設定できます。それをもとに内政と外交の相互関係を理解しようというのです。

　たとえば，中国の国内問題である人権問題が，アメリカと中国の外交問題に発展したことがあります。アメリカは中国に「最恵国待遇」を与えることをためらったのです。こうしたとき，2つの問題は同じ「地位」の問題領域にあるものと考えられます。これからの政策研究は，国内の反体制派の「地位」の問題も，中国の国際的な「地位」の問題も，同じ「地位」の問題として分析しなければならないというのです。どうも議論が技術的すぎる気がしますが，内政と外交が密接に結びついた時代の政策分析には，たしかにこうした斬新な視点が必要なのかもしれません。

　ミクロとマクロの融合　　これまで，2つの代表的なミクロ理論をみてきました。しかし，世界がこれだけ複雑に結びついてくると，1国の政策決定過程の分析から世界をみることは無理なのかもしれません。なにしろ，諸外国との政策協調が優先されるのであれば，国の意思決定の研究には最初から限界が与えられてしまうのです。むしろこれからは，マクロの視点を念頭に置きながら，ミクロの対外政策を考える時代になるのでしょう。

第2章　練習問題

[問]　国際関係理論に関するつぎの記述のうち，正しいものはどれか。

1　「勢力均衡」とは，各国が国力を自然に発揮した結果として成立する1つの理想状態であり，これを実現するためには，外交のような作為的行動はできるだけ行なわないほうがよい。
2　「新現実主義理論」とは，覇権国の存在と交代という観点から国際システムの変化と安定を説明しようとする理論である。
3　「覇権安定論」は，覇権をもつ中心国が途上国などの周辺国を経済的に搾取していることを批判し，この「不平等に基づく安定状況」を打開すべきことを提唱する。
4　「波及仮説」とは，軍事面での国際協力が関係国間の相互依存をもたらし，やがて経済面での統合にまで発展するという仮説である。
5　「相互依存論」とは，国家の相互依存の進展が国際秩序に安定をもたらすという理論であり，究極的には国連などの国際機関は無用となると主張する。

【解答と解説】　1．勢力均衡は，同盟の形成など，さまざまな外交努力によって確保されるべきものである。2．正しい。3．中心国と周辺国という概念によって途上国にたいする先進国の経済的搾取を批判するのは，マルクス主義の立場に立つ「構造主義理論」である。なお，覇権安定論は，国際公共財を提供する覇権国が存在しないと国際社会は安定しないと主張する。4．波及仮説とは，1つの分野における統合の進展が別の分野の統合にも波及するとの仮説で，具体的には経済統合が政治統合に発展することを示唆している。5．相互依存論は国連不要論など主張しない。　　**正答　2**

国際関係の歩き方② 料理の見学

世界大国の料理店　幸いなことに，いま日本では世界各国の料理を楽しむことができます。ところが，「世界大国」となった4つの国，つまりポルトガル，オランダ，イギリス，アメリカの料理については，あまり専門店を見かけません（ハンバーガー・ショップをアメリカ料理専門店とみれば別ですが……）。一方，世界大国になりそこねたスペイン，フランス，ドイツ，ロシアの料理なら，けっこうあちこちで食べることができます。このちがいは何を意味しているのでしょう。ちなみに，ヨーロッパ料理でもっとも多く見かけるのは，世界大国にはまったく縁のなかったイタリアの料理店です。

オランダ料理のフルコース　日本で食べられないのなら現地で食べるしかありません。アムステルダムに行ったら，何はともあれオランダ料理のフルコースを食べに出かけましょう。食べていると，世界大国がなぜ世界各地に出かけていったのかが，しだいに身にしみてわかってきます。ちなみに前回，隣のテーブルにいたイタリア人たちにも，世界大国の意味はわかったようです。イタリア人にしては珍しく，暗い顔をして静かに食事をしていました。

覇権を味わう　さてロンドンに行ったら，まずアフタヌーン・ティーを楽しみましょう。紅茶に砂糖を入れて飲んだだけでも，覇権の味がする（？）はずです。イギリスは紅茶の産地のインドやセイロン（現スリランカ）だけでなく，砂糖の産地のカリブ海の島々なども植民地にしていました。いまでは珍しくない紅茶に砂糖を入れる習慣も，昔はイギリスの上流階級にしか許されなかった贅沢だったのです。そう思ってカップを見ると，一杯の紅茶がずいぶん高級なものに見えてきます。

第2章　国際関係の理論

はじめて学ぶ 国際関係

第3章

国際連合の活動
…… 平和のために武力を使う？

集団安全保障

1つの国が軍事力によって自国を守ることを「**防衛(defense)**」といいます。しかし、1国の安全は軍事力だけで維持されているわけではありません。他国と同盟関係を築くなどの「外交的努力」も国の安全に寄与します。こうしたものも含め、国家の安全を維持するための政策全体をさすときは、一般に「**安全保障政策（security policy）**」という言葉を用います。

前章で述べたように、近代ヨーロッパの安全保障政策の基本は「勢力均衡」でした。ほかの国と同盟を結んで、対立している国や陣営との力の均衡を図り、それによって自国を守ろうとしたのです。しかし、第1次世界大戦の惨禍によって、新たな安全保障の理念が必要であることが明らかになりました。

すでに18世紀末、哲学者の**カント**は『**永久平和のために**』という本のなかで、世界平和を実現するためには「諸国家の連盟」が必要であると説きました。まず、すべての国で連盟を作ります。そして、もしそのうちの1国が戦争をはじめたら、ほかのすべての国が「制裁（罰）」を加え

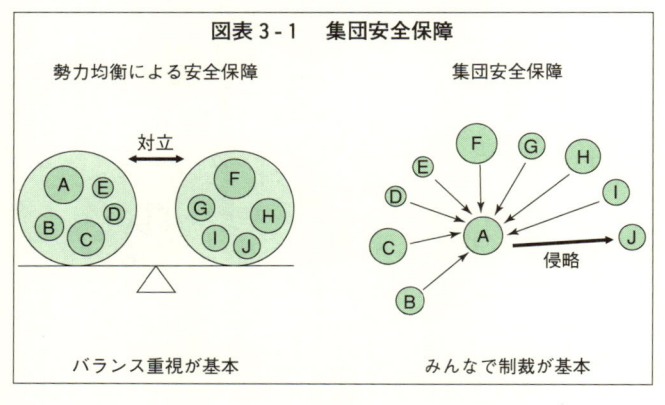

図表3-1　集団安全保障

勢力均衡による安全保障　　　　　集団安全保障

バランス重視が基本　　　　　　みんなで制裁が基本

るようにするのです。そうすれば、制裁を恐れて、どの国も戦争をはじめないはずです。こうした考え方を一般に**「集団安全保障」**と呼びます。

国際連盟

国際連盟の創設　第 1 次世界大戦が終わりに近づいてきたとき、アメリカの**ウィルソン大統領**は、集団安全保障の重要性を説きました。それが受け入れられて、第 1 次世界大戦の講和条約である**ヴェルサイユ条約**で「国際連盟」の設立が定められました。正式に発足したのは、1920年のことです。

国際連盟の失敗　しかし結果的には、国際連盟は第 2 次世界大戦を防ぐことができませんでした。なぜでしょうか。まず第 1 に、アメリカなど**有力国が国際連盟に加盟していなかった**ためです。提唱者が自国の大統領であったにもかかわらず、アメリカでは上院議員たちが加盟を否決してしまいました。ヨーロッパでの戦争に巻き込まれたくないというのが表向きの理由でした（実際にはウィルソン大統領の議会対策の失敗も大きかったようです）。

また、アメリカ以外の有力国も、次々と国際連盟を去っていきました。理事国であった日本とイタリア、そして大国のドイツは、侵略事件を起こしたあと連盟から脱退してしまいました。革命まもないソ連も、ようやく加盟したかと思えば、やはり侵略事件（フィンランド侵攻）を起こして除名されてしまいました。人間の集団でも国家の集団でも、力のある者がいないと、議論の時間は増えますが、成果は少なくなるようです。有力国がいなくなった国際連盟は、もはや実行力を失っていたのです。

第 2 の問題点は、総会や理事会での**議決が「全会一致制」**で行なわれていたことです。これでは 1 国が強力に反

図表 3-2　国際連盟の失敗

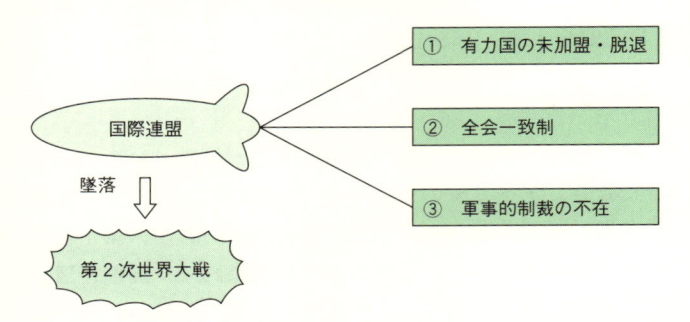

```
        国際連盟 ──┬── ① 有力国の未加盟・脱退
          │       ├── ② 全会一致制
         墜落      └── ③ 軍事的制裁の不在
          ⇩
      第2次世界大戦
```

対すると、議決すらできなくなってしまいます。全員の意見が一致するまで話し合うことは、参加国の主権を重視する観点から必要だったのでしょうが、現実的な方法ではありませんでした。地球全体のためになる政策ならば、一部の国のエゴを抑えても決定するといった考え方が、そもそもなかったのです。

第3の問題点は、違反国への**制裁手段が経済的・外交的なものに限定されていた**ことです。国際連盟は平和を脅かす国が現れても、軍事力を用いて対抗できませんでした。そのために、ドイツやイタリアが他国を侵略しても十分な制裁ができず、結果的に第2次世界大戦を防げなかったのです。

国際連合の誕生

第2次世界大戦の勃発は、戦争を防止するには国際連盟よりも強力な国際機関が必要であることを示しました。こうして、「集団安全保障」という考え方を継承した新たな制度の構築が図られることとなったのです。その結果誕生したのが現在の**「国際連合」**（以下「国連」）です。

国連の創設に努力したのは、アメリカ、イギリス、ソ連

など，第2次世界大戦で連合国陣営をリードした国々です。かれらは，今度こそ世界平和を達成しようと，連合国側諸国の結束を基盤にして新たな国際機関を作ることとしました。国連が「連合国」を表す「United Nations」という名称をそのまま使っているのも，こうした背景があるのです。

ダンバートン・オークス会議　国連の具体的な構想が作られはじめたのは，第2次世界大戦の帰趨(きすう)がはっきりした1944年のことです。この年の8月から10月にかけて，ワシントン郊外のダンバートン・オークス邸で**国連憲章の草案**が作成されました。この作業に中心的に携わったのは，米英ソ中の4か国の代表でした。

この会議では，とりあえず草案はできましたが，政治的判断を必要とするいくつかの課題が残りました。たとえばソ連は，連邦を構成する15の共和国のすべてが国連に加盟すべきだと主張しました。戦後の平和維持にはソ連の国連参加が不可欠であると考えていたアメリカとイギリスにとって，これは困った問題でした。

ヤルタ会談　こうした政治問題に決着を付けたのは，45年2月のヤルタ会談でした。この会議には，アメリカのルーズベルト大統領，イギリスのチャーチル首相，ソ連のスターリン共産党書記長（首相）の3巨頭が参加しました。かれらは戦後の国際秩序をどうするかについて話し合い，そのなかで国連における大国の役割重視が合意されました。

ソ連問題については，ソ連として加盟するほかに，連邦を構成する15か国のなかからウクライナ共和国と白ロシア（現ベラルーシ）共和国を別個に加盟させることで妥協が成立しました。こうしてソ連は，その崩壊まで，国連総会で事実上3票を行使することになったのです。

この会議では，安全保障理事会における**「拒否権制度」**の導入も決められました。大国の利益を考慮しない制度で

第3章　国際連合の活動

図表 3-3　国連の誕生

- 1944.8　ダンバートン・オークス会議
  国連憲章の草案を作成
- 1945.2　ヤルタ会談
  拒否権制度の導入を決定
- 1945.6　サンフランシスコ会議
  国連憲章の調印

は、大国が参加しなかった国際連盟の二の舞となってしまうと懸念されたからです。

サンフランシスコ会議　1945年6月、こうして完成した国連憲章が、サンフランシスコ会議に集まった50か国の代表によって調印されました。わが国がまだ戦争を続けているときに、すでに戦後の安全保障機構は産声をあげていたのです。条約の批准作業などを経て、国連が正式に誕生したのは、10月24日のことでした。この日は、いまも「国連デー」として祝われています。

国連の全体像

国連システム　それでは国連の仕組みを見てみましょう。一口に「国連」といっても、それは数多くの国際機関からなる大きなシステムなのです。

たとえば、世界の子どもたちの保護を担当する**「国連児童基金（UNICEF、ユニセフ）」**も国連機関の1つです。難民問題を扱う**「国連難民高等弁務官事務所（UNHCR）」**も、やはり国連の一部です。こうした国連機関の名前はニ

ュースなどにもよく出てきますので，聞いたことがあると思います。とくにこの2つは，ともに日本女性（ユニセフ親善大使の黒柳徹子さんと国連難民高等弁務官の緒方貞子さん）の活躍でよく知られています。

国連の機関のなかには，わが国に本部を置いているものもあります。その代表は東京に本部のある**「国連大学(UNU)」**でしょう。これは「大学」と呼ばれていても大学生のいない純粋な研究機関です。国連システムには，こうしたさまざまな国際機関が含まれているのです。

主要6機関と2つの中心　それでは，国連を構成する数多くの機関のうち，もっとも中心的なものは何でしょうか。これは結構むずかしい質問です。

一般に，国連には主要な6つの機関があるとされます。「総会」，「安全保障理事会」，「経済社会理事会」，「信託統治理事会」，「国際司法裁判所」，「事務局」の6つです。これは「建て前」としては正しい説明です。しかし，後で詳しく説明するように，これらの機関には重要度の点でちがいがありすぎます。中心機関として同列に扱うには，ちょっと無理があるのです。

それでは**「総会」**が中心機関かというと，そうともいえません。たしかに国連総会は全加盟国が参加する「全体会議」です。しかし，国連では，安全保障問題についての最終的な決定権はこの総会にはないのです。戦争が起きたとき，国連がどういう態度をとるのかを決定するのは**「安全保障理事会」**（以下「安保理」）です。ここでの決定がすべてなのです。

しかし，もちろん総会でもさまざまな重要案件が処理されます。人権問題や環境問題などについての国連の決定は総会の担当です。ですから，安保理だけを国連の中心機関とするのも，不十分ということになります。

それでは、総会と安保理という2つの中心機関がある、という考え方はどうでしょうか。私には、これが現在の国連の実情をもっともよく説明できるように思われます。

　ものごとを決める機関が2つあるというのは、2院制の議会と似ています。通常の2院制議会は、各院の構成原理が異なります。たとえばアメリカでは、議員を一定人口ごとに選ぶ下院は「民主主義原理」を、議員を人口に関係なく各州から2人ずつ選ぶ上院は「連邦国家原理」を反映しています。同じように考えると、国連では、1国1票制度をとっている**総会は「主権国家平等の原則」**を、大国に拒否権を認めている**安保理は「大国中心主義の原則」**をそれぞれ反映していると考えることができます。

　たしかに、戦争など解決に実行力を必要とする問題については、大国の意見を尊重しなければならないときがあります。そこで国連では、安保理と総会とで議論する政策を分けて、それぞれの組織の利点を生かして国際問題の解決を図ることとしたのです。

国連総会（多数決制と分担金問題）

　1国1票制度　　それでは、2つの中心機関の特徴を整理しておきましょう。まず国連総会です。総会は国連に加盟するすべての国々が平等の資格で参加する会議です。各国が平等であることは、各国が総会の意思決定において平等の投票権をもつことに表されています。そこで総会は「**1国1票制度**」を採用しているのです。

　現在、地球上のほとんどの国にあたる約190の国が国連に加盟しています。これらの国々は、人口も面積もさまざまです。しかし、国である以上、どの国も総会では平等に1票を投じることができます。人口のもっとも多い中国（約13億人）も、加盟国のなかでもっとも少ないナウルやツバ

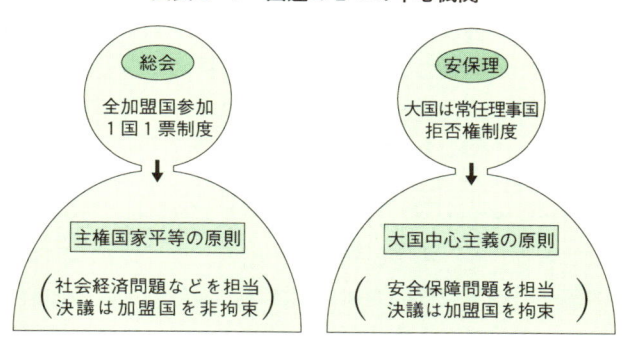

図表3-4　国連の2つの中心機関

総会	安保理
全加盟国参加 1国1票制度	大国は常任理事国 拒否権制度
↓	↓
主権国家平等の原則	大国中心主義の原則
（社会経済問題などを担当 決議は加盟国を非拘束）	（安全保障問題を担当 決議は加盟国を拘束）

ル（約1万人）も，同じ1票をもつのです。

総会の役割　総会は，国連の予算の審議や，各理事会の理事国の選出など，国連の基本的な運営にかかわることを決定します。ただし，国連の事務総長の選出や国連の新規加盟には，あらかじめ安保理の承認が必要とされています。また，総会は，あらゆる国際問題について意見を表明したり，勧告を行なったりすることができます。しかし，ここでの決議は原則として加盟国を拘束できません。

たとえば，1996年，総会は**「包括的核実験禁止条約（CTBT）」**の採択を決議しました。しかし，総会の決議は加盟国に条約への署名を強制する力はありません。すべての核実験を禁止するこの画期的な条約も，結局はインドやパキスタンなどの核兵器開発国が署名を拒否したために，効力を発揮できずにいます。

多数決制　国際連盟のときの「全会一致制」への反省から，国連総会では**「多数決制」**が採用されています。通常の議案は過半数以上の多数決で，重要事項については3分の2以上の多数決で決議されるのです。

多数決制は，意見の多様性を認めたうえで，全体の意思を決定するための便宜的方法です。少数意見となった側に

は多少の不満も残るのでしょうが,それでも全体の利益のために自己を抑制するのが多数決制のルールです。自己抑制のきかない国から「そんなことなら辞める」と言われては困ります。そうしたことのないように,国連では総会の決議を非拘束的なものとし,また国連からの脱退方法を憲章に示さないなどの工夫をしています。

ところが,近年,この多数決制には,新たな「ひずみ」が出てきました。小国の発言力の増大です。現在,国連では加盟国の過半数は開発途上国です。最近の小国の加盟増加によって,ますますこの傾向は強まっています。開発途上国は,一つ一つの国の規模は小さいのですが,とにかく数は多いのです。すでに述べたように,総会では大国も小国も同じく1票を行使して,多数決で決議します。このため総会では,途上国側に有利となる議案が決議されやすくなっています。

国連分担金　　一方で,国連の予算は先進諸国が支えています。国連の予算をまかなうのは,各加盟国が供出する**「分担金」**です。この分担金は,経済力に応じて決められるため,いわゆる先進諸国の負担が重くなっています。もし総会での決議が途上国側に有利なものばかりになってしまうと,先進国側は資金提供をばからしく思うかもしれません。国連にたいする近年のアメリカのいらだちと分担金の意図的滞納にも,こうした背景があるのです(実際には分担金を2年分連続して滞納すると総会における投票権を剝奪されるので,アメリカはそうならない程度には払っています)。

ちなみに,アメリカは国連予算のほぼ4分の1にあたる22%の分担金を割りあてられています。アメリカ以外で10%以上の分担率を受けもっているのは,わが国だけです。一方で,最低分担率の0.001%を割りあてられている国

図表 3-5 国連分担金

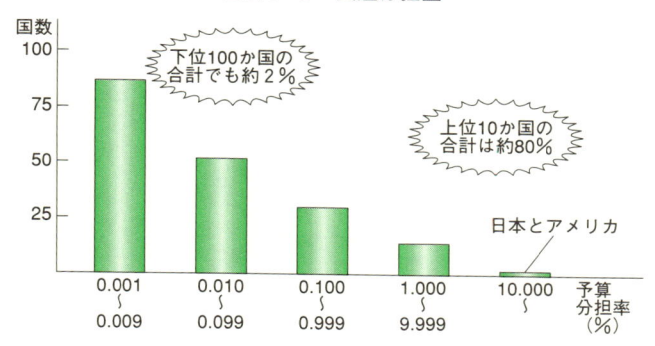

下位100か国の合計でも約2%

上位10か国の合計は約80%

日本とアメリカ

予算分担率(%): 0.001〜0.009, 0.010〜0.099, 0.100〜0.999, 1.000〜9.999, 10.000

は40か国以上あります。各加盟国の分担率を低い順に足していくと，2％になる前に国の数が過半数を超えます。国連予算の約2％しか負担しない国々で，総会の多数を制することができるのです。もともと民主主義には予算負担者と意思決定者のアンバランスがつきものですが，国連総会はその極端なケースになってしまっているのです。

安全保障理事会

つぎに，もう1つの中心機関である安保理について見てみましょう。この機関は，国連の設立目的である軍事紛争の解決について，最終的な意思決定権をもつ重要な機関です。問題が多くの人命に直接関係があるために，安保理の決定は加盟国を拘束します。

理事会の構成　安保理は，アメリカ，ロシア，イギリス，フランス，中国の5つの**常任理事国**と，**非常任理事国**10か国の合計15か国で構成されています。

このうち非常任理事国は，任期2年で，総会で選出されます。連続しての再選は認められていません。また，非常任理事国10か国は，アジア，アフリカなどといった地域ごとに一定数ずつ配分されています。アジアからは2か国が

図表 3-6　安保理の議決

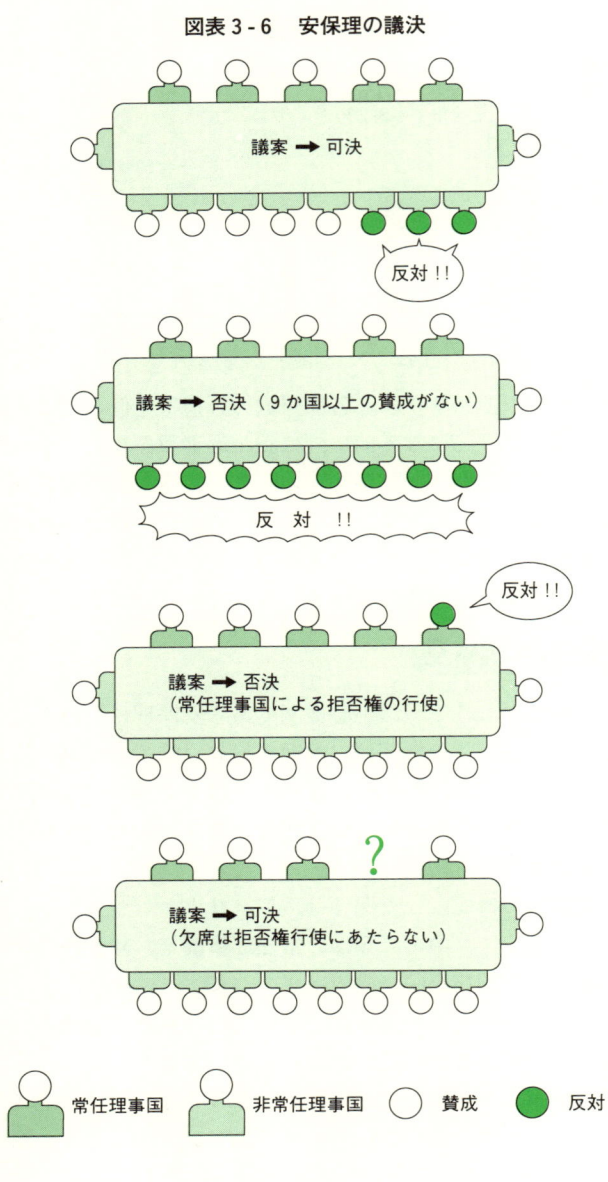

議案 ➡ 可決

反対!!

議案 ➡ 否決（9 か国以上の賛成がない）

反　対　!!

反対!!

議案 ➡ 否決
（常任理事国による拒否権の行使）

?

議案 ➡ 可決
（欠席は拒否権行使にあたらない）

常任理事国　　非常任理事国　　○ 賛成　　● 反対

選出されます。

拒否権の存在　　安保理の実質的な決議が採択されるための条件は，①15か国のうち，その60％にあたる9か国以上が賛成すること，②常任理事国の反対がないこと，の2点です。いわゆる**「拒否権」**は②に基づいて，5つの常任理事国に認められている権限です。

決議には9か国以上の賛成が必要なのですから，5つの常任理事国が賛成するだけでは議案は可決されません。その意味では，安保理を大国支配の場と決めつけるのは適切ではないのかもしれません。しかし，拒否権をもつ常任理事国が1国でも反対すれば，ほかの14か国が賛成していても，議案は否決されてしまいます。5大国に特別の権限が認められていることはたしかなのです。その意味で，安保理は，大国の利害を考慮しなければならない機関となっているといえるでしょう。

なお，5大国が議決に欠席した場合には，拒否権を行使したとはみなされません。1950年の朝鮮戦争では，安保理が韓国を支援する軍隊の派遣を決議しました。このとき北朝鮮側に立つソ連は，たまたま中国代表権問題をめぐって，安保理への参加をボイコットしていました。つまり，欠席のため拒否権を使えなかったのです。

「平和のための結集」決議　　この朝鮮戦争の事例は，発足したばかりの国連にとっては1つの試練でした。安保理が軍隊の派遣を容認したことを知って，ソ連は安保理に復帰します。そして，その後の議決に次々と拒否権を発動しました。戦争が起きているにもかかわらず，肝心の安保理が事実上機能を停止してしまったのです。

「平和のための結集」というのは，このとき国連総会で採択された決議の名前です。平和が脅かされているにもかかわらず安保理が機能していない場合の緊急措置を定めたも

のです。具体的には**「緊急特別総会」**を開会して，総会で紛争停止措置を勧告できるようにしました。安保理のもつ拒否権制度の弊害は，とりあえず総会でカバーできるようになったのです。

軍事制裁

ところで，戦争が起きた場合，安保理はどのように対処するのでしょうか。軍隊と軍隊が衝突して人命が失われているのですから，仲直りを呼びかける程度では戦いが収まらないのは明らかです。

制裁の種類　最初に述べたように，国連憲章は「集団安全保障」という理念に立っています。国際法に違反して武力紛争を引き起こした国にたいしては，残りの加盟国全体で**「制裁」**を加えることを認めているのです。「制裁」とは，状況の是正を求めて行なわれる懲罰的な威圧行動です。これが国連の戦争状態打開の「武器」となります。

もちろん，こうした制裁措置を決定するのは，安保理の仕事です。安保理は，まずどの国が平和破壊行為や侵略行為を行なったかを特定し，その国にたいして制裁措置をとるよう全加盟国に指示を出すのです。

この制裁措置には非軍事的なものと軍事的なものとの２種類があります。非軍事的な制裁の代表は，**「経済制裁」**と呼ばれる経済関係の制限や断絶です。エネルギーや生活物資の多くを他国からの輸入に依存している国にとっては，けっこう厳しい制裁です。非軍事的な制裁には，ほかに外交関係の断絶のような**政治的な制裁**もあります。一方，**軍事的な制裁**といえば，国連軍や加盟国軍（多国籍軍）の派遣です。これは，平和破壊行為や侵略行為を行なった国を直接武力で攻撃するものです。

国連軍　軍事的制裁を実施するために国連が組織する

図表3-7　国連による制裁

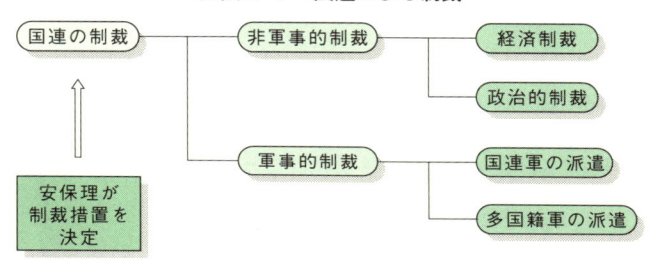

```
国連の制裁 ── 非軍事的制裁 ── 経済制裁
                        └─ 政治的制裁
         └─ 軍事的制裁 ── 国連軍の派遣
                    └─ 多国籍軍の派遣

安保理が制裁措置を決定
```

軍隊を**「国連軍」**と呼びます。国連軍は，国連憲章に基づいて各加盟国が軍隊や資金などを出しあって設置し，国連の指揮下で行動する軍隊です。概念的には矛盾しているように思われるかもしれませんが，平和のためなら国連は武力も用いるのです。

国連軍を組織するために，国連憲章は各加盟国に**「特別協定」**の締結を求めています。どの程度の軍隊を提供できるかなどについて，あらかじめ各国と取り決めておくためです。しかし実際には，この特別協定の締結は行なわれませんでした。国連軍を組織する見通しが立たなかったからです。米ソ冷戦時代には，両国の軍隊が国連の指揮下で同一行動をとることなど，考えられなかったのです。

したがって，今日まで厳密な意味での国連軍の設置や派遣は行なわれたことがありません。朝鮮戦争（1950）や湾岸戦争（1991）のときに派遣された軍隊は「国連軍」と呼ばれることがありますが，正確には，つぎの「多国籍軍」です。

多国籍軍　　**「多国籍軍」**は，安保理が軍事的制裁を決めたとき，その実施に協力しようとする国だけが集まって組織する軍隊です。あくまでも，世界平和のためにボランティアで戦おうという軍隊なのですから，この軍隊への参加は強制されません。また，国連軍の指揮権が国連にある

第3章　国際連合の活動

のにたいし，この多国籍軍の指揮権は武力を提供した国が行使します。

1990年8月，イラクは経済的に豊かな隣国のクウェートに軍隊を送り，全土を支配してしまいました。もともと自国の一部であったというのが軍事侵攻の理由でした。しかしこの行為は，どうみてもクウェートという独立国にたいするイラクの軍事侵略にほかなりませんでした。もちろん国際法違反です。安保理はただちにイラクにたいする経済制裁を発動しました。

さらに安保理は，再三にわたりイラク軍の撤退を要求しました。しかし，イラクはクウェートの軍事的支配をやめようとしません。そこで安保理は，ついに「武力行使容認決議」を採択します。2か月後の1991年1月中旬，アメリカ軍を主体とした多国籍軍がイラク軍との戦闘を開始しました。多国籍軍は圧倒的な力でクウェートからイラク軍を一掃し，侵略以前の状況を回復しました。これがイラクと多国籍軍との**「湾岸戦争」**のあらましです。多国籍軍にはこうした攻撃的な軍事行動も認められるのです。

なお，最近では，軍事的制裁活動でなくても多国籍軍を派遣するケースが増えています。その多くは，内戦や混乱状況に陥った国の秩序回復や人権擁護を目的とした活動です。武力集団からの攻撃がありうるため，いざというときに積極的な軍事行動をとれる多国籍軍を派遣しているのです。

平和維持活動（PKO）

もちろん，軍事制裁は万能とはいえません。民族紛争など「犯罪」であることが明確でない国際紛争には，「制裁」という罰はふさわしくないのです。こうした事態に対処するのが国連の**「平和維持活動(Peace-Keeping Opera-**

図表 3-8　PKOの種類

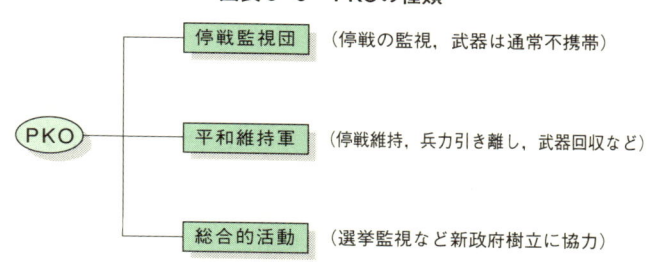

PKO ─┬─ 停戦監視団　（停戦の監視，武器は通常不携帯）
　　　├─ 平和維持軍　（停戦維持，兵力引き離し，武器回収など）
　　　└─ 総合的活動　（選挙監視など新政府樹立に協力）

tions)」です。普通，英語の頭文字をとって「PKO」と呼ばれています。ここでもそうすることにしましょう。

　PKOは，紛争地域に国連が人員を派遣して，平和の維持にあたらせる活動です。制裁を実施するために派遣される国連軍とはちがいますから，原則として派遣先の国の同意が必要となります。つまり，紛争状態にあった（ないしはまだある）国などが国連から申し出を受け入れないと，なかなかPKOは派遣できないのです。

　PKOの派遣回数は，冷戦終結後，急激に増加しました。事実，1989年からの4年間に派遣されたPKOの数は，国連創設から88年までに派遣されたすべてのPKOの数を上回っています。冷戦の終結に伴い，各地で民族紛争などが増えたためです。

　PKOの活動形態　　国連軍と異なり，PKOは国連憲章に細かく規定されていない活動です。それだけに，状況に応じた多様な活動ができるのです。ここでは，とりあえずPKOの活動形態を大きく3つに分けて説明することにしましょう。

　まず，PKOの第1のタイプは「**停戦監視団**」です。これは，紛争当事者たちに停戦を守らせるための監視活動です。通常，派遣されるのは少人数のグループで，武器を携行することもほとんどありません。それでも，国連の要員

第3章　国際連合の活動

が近くにいるだけで、紛争の再発に歯止めをかけることができます。

第2のタイプは**「平和維持軍（PKF）」**です。紛争当事者が停戦した直後などに派遣されます。そして、停戦維持のほか、戦闘状態にあった各勢力を引き離したり、国内の治安を回復したり、不要となった武器を回収したりします。まだ散発的な衝突が発生する危険が残っているので、平和維持軍には武器の携行も認められています。もちろんこの武器は自分の身を守るためのもので、攻撃に使うためのものではありません。

第3のタイプは、「包括的な平和」の実現をめざして行なわれる**総合的活動**です。このタイプのPKOは、停戦維持だけでなく、選挙監視や人権擁護のような政治的活動も行ないます。戦争や内戦で政府機能が失われたときなど、早く新しい政府をつくることが平和維持のためにも必要です。PKOはいまや国内秩序の安定にも関与するようになっているのです。

たとえば、カンボジアの内戦終結後の1990年に派遣された**「国連カンボジア暫定統治機構（UNTAC, アンタック）」**もこのタイプのPKOです。合計で2万人ちかくの国連要員が派遣され、停戦維持はもちろん、難民の帰還や選挙監視を行なって、カンボジアの新政府樹立の手助けをしました。わが国からも自衛隊員がはじめて本格的に参加し、道路補修などの基盤整備事業に携わりました。

PKO協力法

わが国は湾岸戦争のとき、国際平和の維持について「人的貢献」が少ないという批判を諸外国から受けました。「経済的貢献」はしていたのですが、それだけでは不十分だというのです。しかし、わが国には平和憲法があります。

いくら国連の平和目的の活動であるとはいえ、そう簡単に自衛隊を国外に出すわけにはいきませんでした。そのため、国際貢献のための新たな法律の制定をめぐっては、じつに多くの議論が重ねられました。

こうして1992年にようやく制定されたのが「**PKO協力法（国際平和協力法）**」です。正式には「国際連合平和維持活動等に対する協力に関する法律」といいます。自衛隊員を含むわが国の公務員が、国連のPKO活動に参加するときに守らなければならない原則などを定めた法律です。

PKO参加の5原則　　この法律は、わが国がPKOに要員を派遣するにあたって、守らなければならない5つの条件を定めています。それは、①武力紛争停止について紛争当事者間の合意が存在すること、②わが国からの派遣について、PKOが行なわれる地域の国々と、紛争当事者すべての同意が得られていること、③いずれの紛争当事者にもかたよらない中立性を保つこと、④もし上記の条件が崩れた場合には、業務を中断して撤収すること、⑤武器の使用は基本的に要員の生命などを守るための必要最小限のものに限ること、の5つです。これを「**PKO参加の5原則**」といいます。なお、⑤については、2015年の法改正で、防護を必要とする住民などに対する「安全確保業務」や、民間人が危険にさらされた場所に行って助ける「駆けつけ警護」では、自分を守る以上の武器使用も認められることになりました。

なお、2015年の法改正により、わが国は国連のPKOだけでなく、国連の専門機関や他の国際機関が行なう平和安全に関する活動（＝国際連携平和安全活動）にも参加できるようになりました。

図表 3 - 9　PKO参加の 5 原則

① 停戦の合意　（全当事者が停戦に合意していること）

② 当事者の同意　（わが国からの派遣を当事者が同意すること）

③ 中立性　（どの当事者の味方もしないこと）

④ 業務の撤収　（紛争が再発したらすぐ帰国できること）

⑤ 武器の使用制限　（必要最小限の使用が基本）

その他の主要機関

　さて，これまで総会と安保理の役割を中心に，国連の活動や問題点を考えてきました。しかし，この 2 つの中心機関のほかにも，国連には主要機関と位置づけられているものが 4 つあります。

　経済社会理事会　経済，社会，文化，教育，保健などについて審議し勧告を行なう理事会が「**経済社会理事会**」です。理事国は54か国と多く，任期は 3 年で，毎年18か国ずつ交代します。

　経済社会理事会は，経済と社会に関するすべての問題を扱う理事会ですから，その仕事は多様です。このため，その日常活動をスムーズに進めるために，経済社会理事会には各種の委員会が設置されています。たとえば「**社会開発委員会**」や「**麻薬委員会**」など，社会問題ごとに担当する委員会があります。また，「**アジア太平洋経済社会委員会（ESCAP，エスカップ）**」のように，世界の各地域ごとに設置された委員会もあります。

　経済社会理事会は，国連が経済問題や社会問題を扱うほ

かの国際組織と協議するときの窓口でもあります。国連の専門機関はもちろん，国連から諮問的地位を与えられている数多くのNGOなどと，経済社会理事会は定期的に意見交換をしています。

信託統治理事会　　国連には植民地問題を扱うために設立された**「信託統治理事会」**があります。安保理の5大国がそのまま理事国を務めます。

「信託統治」は，独立を求めているものの国力が不足していてまだ独立できない地域に適用されます。植民地から解放された直後で統治に困難が伴うときなどに，国連の監視のもとで施政を一時的に他国に委託するのです。現在は信託統治が行なわれている地域がないため，この理事会は事実上機能を停止しています。

人権理事会　　国連は60周年の記念の首脳会議で人権委員会を改組して**人権理事会**を設置することを決めました。この新しい理事会は理事国が47か国で，2006年の6月に発足しました。今後，世界の人権抑圧をなくすために活動していくことになります。

国際司法裁判所　　国連には，国家間の紛争を解決するための裁判所もあります。国際連盟時代の「常設国際司法裁判所」を継承してオランダのハーグに置かれている**「国際司法裁判所（ICJ）」**です。裁判官は国連総会と安保理の両方が認めた15名で，全員がちがう国の出身者であることが条件づけられています。

裁判にかけられることが多いのは，国境や漁業権の確定といった問題です。軍事問題は安保理が担当しているので，裁判に提訴されることはあまりありません。裁判の当事者になれるのは国家だけで，原則としてすべての当事国が同意しないと裁判は開始されないことになっています。当然のことですが，判決には従わなければなりません。もし判

決が無視されたときには、安保理が必要な措置をとることになっています。

国連事務局　国連事務局は国連の行政機関です。国連の政策を企画したり、実施したりするのが任務です。その長にあたる国連の**「事務総長」**は任期5年で、国際紛争の調停など、国連を代表してさまざまな活動を行ないます。

わが国では公務員になりたい人は多いのに、国際公務員になろうとする人はまだ少ないようです。国連が分担金などから各国ごとに試算した「適正国連職員数」を、わが国はいつも下回っています。

国連専門機関

「専門機関」は、国連ととくに密接な結びつきをもつ国際機関です。基本的には国連とは異なる組織なので、国連とは別に加盟します。現在は図表3-10に掲げた国際機関が国連の専門機関となっています。経済関係の専門機関は第5章で取り上げますので、ここではそれ以外の主な専門機関について、特徴をまとめておきましょう。

国際労働機関（ILO）

「ILO」は、労働者保護のための国際機関です。国際連盟と同じように、第1次世界大戦後のヴェルサイユ条約で設立されました。このILOは、討議に政府代表のほか、各国の労使代表も参加させている点が特徴的です。

図表3-10　国連の専門機関

国際労働機関（ILO）
国連食糧農業機関（FAO）
国連教育科学文化機関（UNESCO）
世界保健機関（WHO）
国際復興開発銀行（IBRD）
国際開発協会（IDA）
国際金融公社（IFC）
多国間投資保証機関（MIGA）
国際通貨基金（IMF）
国際民間航空機関（ICAO）
万国郵便連合（UPU）
国際電気通信連合（ITU）
世界気象機関（WMO）
国際海事機関（IMO）
世界知的所有権機関（WIPO）
国際農業開発基金（IFAD）
国連工業開発機関（UNIDO）
世界観光機関（UNWTO）

国連教育科学文化機関（UNESCO）　「ユネスコ」は，教育・科学・文化における国際協力を推進する国際機関です。あまり政治的にはみえない機関ですが，じつはここにも先進国と途上国との政治的対立がみられます。事実，1980年代半ば，予算配分などが途上国にかたよっているという理由で，アメリカ，イギリス，シンガポールの3国がユネスコから脱退していきました（イギリスは1997年復帰，アメリカも2003年に復帰）。

　世界保健機関（WHO）　「WHO」は，文字どおり健康増進のための国際機関です。そもそもの活動の中心は伝染病の撲滅でしたが，最近ではエイズ問題や麻薬問題にも積極的に取り組んでいます。

国連の社会問題への取り組み

　国連の中心的課題は世界平和の確保です。しかし，戦争さえなければ人は「平和」に暮らせるのかというと，そうではありません。平和な生活のためには，まださまざまな社会問題を解決する必要があるのです。ここでは，国連が代表的な国際社会問題にどのように取り組んでいるかを簡単にみることにしましょう。

　環境問題と国連　国連が環境問題に本格的に取り組みはじめたのは，1970年代に入ってからのことです。72年にストックホルムで開かれた「**国連人間環境会議**」では，環境保護を推進するための国連機関として，「**国連環境計画（UNEP）**」が創設されました。

　その20年後の1992年，今度はリオデジャネイロで「**国連環境開発会議（地球サミット）**」が開かれました。この会議では，「**持続可能な開発**」を理念として環境保護を進めることが確認されました。同時に，生物資源の保護を定めた「**生物多様性条約**」や，地球温暖化防止のために二酸化

炭素などの排出量を規制する**「気候変動枠組み条約（温暖化防止条約）」**が締結されました。

さらに10年後の2002年，国連はヨハネスブルクで「環境開発サミット」を開きました。また，その10年後の2012年には「リオ＋20」の会議も開かれました。残念ながら環境保護についての大きな前進はありませんでしたが。

食糧問題と国連　世界にはまだ飢餓で苦しんでいる人が多くいます。国連は，1963年に**「世界食糧計画（WFP）」**という機関を設置して，開発途上国にたいする食糧援助を行なってきました。国連はまた，食糧問題を扱う専門機関である**「国連食糧農業機関（FAO）」**や**「国際農業開発基金（IFAD）」**とともに，食糧生産の増強を支援しています。

難民問題と国連　戦争や政治的・宗教的迫害などの危険をのがれるため，住んでいた土地を離れて他の国に移り住まなければならなかった人たちのことを「難民」と呼びます。自分が積極的に行なった活動で危険にさらされ，国を離れなければならなくなった「政治犯」や「亡命者」は「難民」ではありません。また，経済的に貧しいからという理由だけで他国に流入する者も「難民」とはみなされません。

一方，国内で居留地を追われ，実質的に難民と同様の状況に置かれている人々は，「国内難民」または「避難民」などと呼ばれます。現在ではこうした人々も，「難民」同様，国際的に保護される対象に含まれています。国

図表3-11　代表的な国連機関

国連児童基金（UNICEF）
国連難民高等弁務官事務所（UNHCR）
国連貿易開発会議（UNCTAD）
国連開発計画（UNDP）
国連訓練調査研修所（UNITAR）
国連人口基金（UNFPA）
国連災害救済調整官事務所（UNDRO）
国連環境計画（UNEP）
国連大学（UNU）
世界食糧理事会（WFC）
国連人間居住センター（HABITAT）
女性の向上のための国際訓練研修所（INSTRAW）
世界食糧計画（WFP）

連は「国連難民高等弁務官事務所（UNHCR）」を設置して、世界各地で難民の保護や帰還にたいする支援を行なっています。

国連の人権問題への取り組み

国連は創設当初から人権問題に積極的に取り組んできました。国連憲章もその第1条で、差別の禁止と人権の保護を掲げています。また国連は、さまざまな人権について、個別に宣言や条約を採択しています。

世界人権宣言と国際人権規約　国連は1948年に人権に関するはじめての宣言を採択します。「**世界人権宣言**」です。この宣言は、基本的人権を列挙し、すべての人があらゆる差別を受けることなく、これらを享受する権利があることをうたっています。

この世界人権宣言の内容に法的拘束力をもたせた国際法が「**国際人権規約**」です。1966年に採択され、各国の批准を経て76年に発効しました。この国際人権規約は、実際には4つの国際規約をあわせたものです。「経済的・社会的・文化的権利に関する国際規約（A規約）」、「市民的・政治的権利に関する国際規約（B規約）」、それにB規約の実施方法と死刑廃止に関する2つの選択議定書です。国によっては、すべての規約を批准していないこともあります。

人種差別撤廃条約　また国連は1965年、「**人種差別撤廃条約**」を採択しました。人種、皮膚の色、門地、民族などに基づくあらゆる差別を禁止するための条約です。

とくに南アフリカ共和国でかつて行なわれていたような人種隔離政策（＝アパルトヘイト政策）については、73年に「**アパルトヘイト犯罪防止条約**」を定めて、これを禁止しています。

第3章　国際連合の活動

女子差別撤廃条約

国連憲章は性的差別をなくすことを宣言しています。1967年には**「女子差別撤廃宣言」**が総会で採択され，79年には**「女子差別撤廃条約」**が成立しました。この条約では，政治・経済・社会・文化・市民生活などあらゆる分野における女性差別が禁止事項となり，法律や制度のみならず，慣習も対象として，各国が男女平等の確立に努力することが定められました。わが国も，男女雇用機会均等法など国内法の整備を経て，85年にこの条約を批准しています。

図表3-12 国連の採択した人権条約
（年号は採択年）

1965	人種差別撤廃条約
1966	国際人権規約
1973	アパルトヘイト犯罪防止条約
1979	女子差別撤廃条約
1989	児童の権利条約

児童の権利条約

国連は1989年，**「児童の権利条約（子どもの権利条約）」**を採択しました。この条約には，子どもの意見表明権や集会・結社の自由など，大人同様の市民的権利も盛り込まれました。わが国も94年にこの条約を批准しています。

国連人権高等弁務官

国連は1993年，**「国連世界人権会議」**を開催しました。**「国連人権高等弁務官」**は，この会議で創設された人権問題担当官です。国連を代表して各国政府とその国の人権問題を協議します。世界各地にはまだ多くの人権侵害がみられます。世界の人々の平穏な生活のためにも，活躍を期待したいものです。

第3章　練習問題

[問]　国際連合の活動に関するつぎの記述のうち，正しいものはどれか。

1　国家間の武力衝突が発生すると，国連の安全保障理事会はただちにPKOを派遣して紛争の収拾を図るが，それでも停戦に至らない場合には多国籍軍を送って，強制的に紛争を終結させる。
2　国連の平和維持活動は，紛争になりそうな地域で予防的に実施されることもあるが，その場合にかぎり派遣先の国の承諾が必要とされている。
3　国連の人権擁護活動は，これまで総会における宣言や条約の採択を軸に，経済社会理事会の人権委員会などが中心となって進めてきたが，2006年からは人権委員会は人権理事会に格上げされ，人権擁護をより積極的に進めることになった。
4　難民問題は関係国の政治情勢を反映することから，難民の帰還などについては，国連難民高等弁務官の報告をもとに，安全保障理事会が最終的な判断を下す。
5　国連の環境保護活動は，国際会議を開催して環境保護に関する条約の成立をうながす程度にとどまっており，このため国連には環境問題を担当する国際機関はまだ設立されていない。

【解答と解説】　1．武力紛争が発生すると，安保理は通常「停戦決議」などを採択して，まず停戦を呼びかける。また，そもそもPKOは停戦した後に派遣されるものである。2．PKOは原則として関係国の承諾がないと派遣されない。3．正しい。4．難民の帰還などは「国連難民高等弁務官事務所」の自主的な判断で行なわれ，安保理が関与することは少ない。5．環境問題については「国連環境計画（UNEP）」という国連機関が存在する。

正答　3

国際関係の歩き方③　国連の見学

国連本部　国際機関のなかでもっとも見ておきたい場所といえば、やはりニューヨークの国連本部でしょう。その前に立って、はためく全加盟国の国旗をながめるだけでも、十分に感動します。ホワイトハウス同様、国連本部にも、毎日、多くの見学者が訪れます。毎日訪れるのは、ホワイトハウスとちがって、ここの見学コースが（1・2月の土日を除けば）毎日ちゃんとオープンしているからです。しかも整理券などは不要で、日本語ツアーまであります。こんなにサービスがいいのは有料だからなのですが、国連は財政難なので、がまんして払いましょう。

国連の切手　国連見学は、グループごとに総会や安保理などの会議場を見てまわります。もちろん途中、国連のさまざまな活動についての説明があり、非常に勉強になります。そして勉強の後には、お楽しみのギフトショップが待っています。ここでは、国連の絵はがきに国連独自の切手をはって、日本に送ることができます。「いま国連〜」などと書いて投函すると、自分はひょっとしたらすごく国際的な視野の持ち主なのではないか、と思えてくるかもしれません。

国際司法裁判所　国連の主要機関のなかで、国際司法裁判所だけはオランダのハーグ（正確にはデン・ハーグ）にあります。なんでそんな田舎町に、などと思ってはいけません。オランダでは、政治と経済の中心地は別なのです。王宮も官庁も議会も日本大使館も、すべてアムステルダムではなく、このハーグにあります。「平和宮」と呼ばれる立派な建物が国際司法裁判所で、ちゃんと見学コースが設けられています。ちなみに、このほかヨーロッパでは、ジュネーブの国連ヨーロッパ本部も見学できます（もちろん、土産物屋もあります）。

はじめて学ぶ 国際関係

第4章

地域主義の時代
……日本は孤立してしまうのか？

地域機構と地域主義

何かが「近い」ということは、相互協力には不可欠の条件です。政治イデオロギーでの「近さ」があまり問題にならなくなった今日の世界では、単純に地理的な距離の近さが重要となっているようです。

地域の多層性　この章では、国際社会における「**地域 (region)**」の役割を取り上げます。現在の国際社会には、地域に基づく国際機構がたくさんあります。欧州連合(EU)や東南アジア諸国連合（ASEAN）など、だれでもいくつかの例を挙げることができるはずです。

1つの国がいくつもの地域機構に参加することも、珍しくありません。地域の範囲がちがえば問題はないのです。たとえばアメリカは、アメリカ大陸のすべての国で構成する「**米州機構（OAS）**」に加盟しています。一方、西欧諸国などとは「**北大西洋条約機構（NATO）**」を作っています。これらはともに安全保障を主たる目的とする国際機構です。さらに、アメリカはカナダなどと「**北米自由貿易協定（NAFTA）**」を結んでいますが、同時に「**アジア太平洋経済協力（APEC）**」のメンバーでもあります。いまや、地域機構は「多層的」に国家をカバーしているのです。

地域機構の種類　地域機構には、大きく2つの種類が

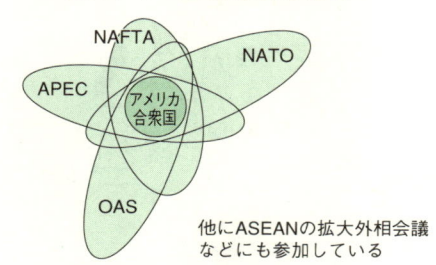

図表4-1　地域機構の多層性

他にASEANの拡大外相会議などにも参加している

あります。1つは,**地域の安全保障や政治的連帯を目的と**して発達してきたものです。これには「米州機構（OAS）」や「アフリカ連合（AU）」などが含まれます。もう1つは,**経済的な協力関係を目的として発達してきたもの**です。こちらの典型はなんといっても「欧州連合（EU）」でしょう。

1980年代後半以降,これら2つのタイプの地域機構とも,その目的を多様化させてきました。政治的な目的のために作られた地域機構も,最近では市場統合などの経済協力に積極的です。反対に,経済協力のための地域機構であったEUは,今度は政治や軍事についても統合を進めようとしています。

地域主義　国際経済においては,地域的な経済統合を推し進めようという理念や行動を「**地域主義（リージョナリズム）**」と呼びます。地理的に近い国々がグループを作って,「自由経済圏」を設定しようというのです。具体的には,加盟各国が経済政策を協調させたり,貿易の自由化に努力したりします。そうすることで経済市場の規模を拡大し,ひいては加盟各国の経済を活性化させるのが狙いなのです。

こうした地域主義が増える傾向にあるのは,国際経済が**ボーダレス化（＝無国境化）**したためです。いまや国家という枠組みのなかだけで経済を語ることは,大変むずかしくなっています。しかし,国家の側からすれば,急に国境を取り払って,自国の経済を世界の荒波にさらすことは危険に思えます。経済活動の規模を広げ,しかも安定性を求めたとき,その解決策として浮かび上がったのが「地域主義」だったのです。つまり,だれでもというわけにはいかないけれども,気心の知れた近所の人となら共同生活してもよい,といった感じの考え方なのです。

> 欧州連合（EU）の歴史

　地域主義の「お手本」とされているのはEUです。EUは着々と経済統合を進め，多くの成功を収めてきました。地域主義を知るために，ここではまずEUがどのように発展してきたのかを学習することとしましょう。

シューマン・プラン　ドイツとフランスは，第1次世界大戦でも第2次世界大戦でも，お互いに敵国として戦いました。ですから，ヨーロッパの平和のためには，何よりもまず独仏の歴史的対立に終止符を打つことが必要だったのです。1950年，フランスのシューマン外相は，独仏が協力して経済復興を達成するために，**石炭や鉄鋼石などの超国家的管理**を提案します。両国の国境付近で多く産出するこれらの資源は，歴史的に独仏対立の原因の1つとなってきたからです。あわせて，イタリアなど周辺国にも，この計画への参加が呼びかけられました。ところで，この計画は，そもそも元の国際連盟事務次長の**ジャン・モネ**の発案によるものです。しかし，提唱したシューマン外務大臣の名前をとって「**シューマン・プラン**」と呼ばれることになりました。

3共同体の発足　1952年，このシューマン・プランに基づいて「**欧州石炭鉄鋼共同体（ECSC）**」が発足しました。加盟したのは，フランス，西ドイツ，イタリア，オランダ，ベルギー，ルクセンブルクの6か国です。さらにこれら6か国は，1958年には「**欧州経済共同体（EEC）**」を発足させ，経済政策における協調を模索するようになりました。また，新しい資源である原子力を有効に活用するために「**欧州原子力共同体（EURATOM，ユーラトム）**」も創設しました。こうして，西ヨーロッパの6つの国が3つの共同体で結ばれることになったのです。

これらの共同体は、基本的には鉱工業の発展を意識して作られたものでした。しかし1962年になると、EECは「**共通農業政策（CAP）**」の導入に踏み切ります。6か国は農業でも政策協調を図ることとなったのです。

欧州防衛共同体の失敗　6か国の政策統合をめざす努力は、そのすべてが報いられたわけではありません。たしかに、資源の共同利用など、経済面では協力関係を築くことに成功しました。しかし、政策統合が外交や軍事の領域に及ぶと、強い反対意見が出てきたのです。国家主権を脅かすものであるというナショナリストからの反発でした。

じつは6か国は、1952年に「**欧州防衛共同体（EDC）**」を設置して、統一軍を作ることで合意していました。しかし、フランス議会は、このEDC設立条約の批准を否決してしまいます。やはり国家としての独自性が失われることを恐れてのことでした。

欧州自由貿易連合の誕生　超国家主義にたいする警戒感は、6か国の周辺諸国にも強く存在しました。そこで、イギリス、オーストリア、スイス、北欧諸国などは、共同体に加わることよりも、より緩やかな貿易機構を新たに作ることにしたのです。こうして1960年に誕生したのが「**欧州自由貿易連合（EFTA, エフタ）**」です。EFTAは、各国の関税自主権を残したまま、工業製品の域内関税だけを撤廃するという政策を掲げました。しかし結果的には、この緩やかな連合は共同体側の勢いには勝てませんでした。EFTA加盟国は、1つまた1つとEC（EU）に加盟していったのです。

ECの成立　1967年、ECSC, EEC, EURATOMの3共同体は意思決定機構を統合し、実質的に1つの地域機構としての再スタートを切ります。「**欧州共同体（EC）**」の誕生です。3つの共同体を作った6か国は、さまざまな反発を

図表 4 - 2　EUの歴史

① 3 共同体時代(1952〜67)

1952年	欧州石炭鉄鋼共同体（ECSC）設立
1958年	欧州経済共同体（EEC）設立 ┐ 3共同体
	欧州原子力共同体（EURATOM）設立 ┘
1962年	共通農業政策（CAP）導入

② EC時代(1967〜93)

1967年	欧州共同体（EC）設立 ……………… 関税同盟設立
1968年	共通関税導入
1987年	単一欧州議定書発効 ） ……………… 市場統合
1993年	市場統合実現

③ EU時代(1993〜　)

| 1993年 | 欧州連合条約発効 ……………………… 経済・通貨同盟 |

受けながらも，統合の段階を1つ先に進めることに成功したのです。

しかし，この過程でも，フランスはECの超国家主義を警戒するあまり，脱退騒ぎを起こしています。国家主権を尊重する証として，多数決制の導入を先送りすることにして，ようやくフランスを納得させることができました（ルクセンブルクの合意）。

関税同盟　ECは早くも誕生の翌年に「**関税同盟**」を実現させます。EC域内の貿易については関税をすべて廃止し，域外の国々との貿易については共通の関税をかけることにしたのです。また，この関税収入は，EC予算の財源にも利用されることとなりました。

ちなみに，こうした「関税同盟」は，19世紀にドイツが国家統一を遂げるときにも見られました。このときは，関税同盟の成立から国家統一まで37年かかっています。1968

年のECにおける関税同盟の成立も，同じように1つの国家に統合する動きの第一歩とみることができます。ひょっとすると，関税同盟から約40年後の2010年には，ヨーロッパの地図に「欧州連合」という「国名」が載っているかもしれませんね。

単一欧州議定書

1970年代，ECは統合の歩みをあまり進めることができませんでした。石油危機などがあったため，各国とも自国の経済力の回復に力を注がなければならなかったのです。しかし80年代に入ると，新たにECの「市場統合」へ向けての努力がはじまります。

単一欧州議定書　EC市場の統合は，1981年に提言されました。ECは，それから5年間かけて，統合の指針をまとめます。それが**「単一欧州議定書」**です。この議定書は，86年に加盟各国の首脳によって調印され，87年に発効しました。

単一欧州議定書の目的は**経済市場の統合**です。人も物もサービスも資金も，国境を越えて自由に動けるようにしようというのです。この市場統合が実現すれば，EC域内の企業や個人は，あたかも1つの国にいるかのように，自由に経済活動を営めるようになります。

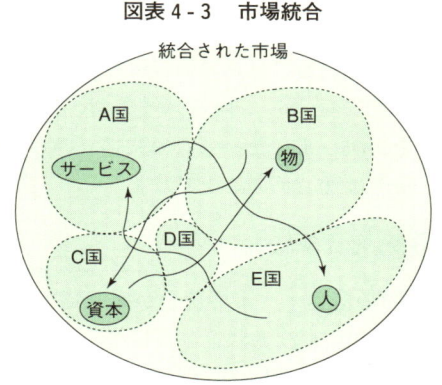

図表4-3　市場統合

人・物・サービス・資本は国境に関係なく自由に移動

第4章　地域主義の時代

たとえば、オランダで銀行業務を認められた企業は、イタリアでも自由に支店を開設できます。また、ドイツで販売を許可された薬品は、フランスでも自由に売れるようになるのです。

市場統合の実現　　しかし実際には、議定書が採択されてからが大変でした。市場統合を実現するには、多くの「障壁」が存在したのです。たとえば、商品の流通を自由にするには、それまで12か国でバラバラに決められていた安全基準などを、1つに統合していく必要がありました。これを製品ごとに行なうのですから、当然、膨大な時間が必要でした。また、市場統合のためには、通関制度や国境規制の改正が必要でした。さらに、商品にたいする税率も調整しなければなりませんでしたし、職業資格も統一の必要がありました。ECは、こうした障壁の除去にさらに5年の歳月をかけることになります。そして1993年1月、単一欧州議定書のめざした「市場統合」は、ついに実現したのです。

現在では、この統合市場はスイスを除くEFTA諸国にも拡大されています。これを**「欧州経済地域（EEA）」**と呼びます。このEEAは経済市場を統合させただけのもので、関税同盟ではありません。なお、あらゆる国家連合への参加を拒否しているスイスは、国民投票でEEAへの加盟を否決しました（ちなみにスイスがようやく国連に加盟したのは2002年のことです）。

欧州連合条約

EUの誕生　　市場統合が完成しようとしていた1992年、ECは加盟国の統合をさらに推し進めることを目的として新たな基本条約を採択しました。これが**「欧州連合条約」**です。調印されたオランダの都市名をとって**「マーストリ**

図表 4-4　EU加盟国の変遷

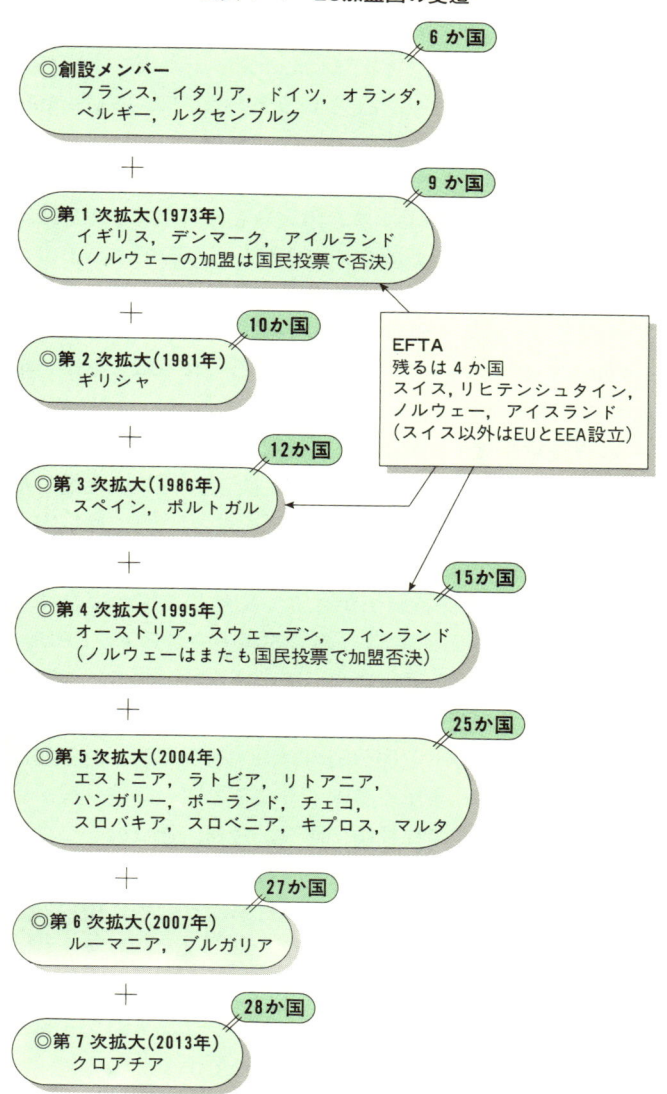

◎創設メンバー　**6か国**
　フランス，イタリア，ドイツ，オランダ，
　ベルギー，ルクセンブルク

＋

◎第1次拡大（1973年）　**9か国**
　イギリス，デンマーク，アイルランド
　（ノルウェーの加盟は国民投票で否決）

＋

◎第2次拡大（1981年）　**10か国**
　ギリシャ

＋

◎第3次拡大（1986年）　**12か国**
　スペイン，ポルトガル

EFTA
残るは4か国
スイス，リヒテンシュタイン，
ノルウェー，アイスランド
（スイス以外はEUとEEA設立）

＋

◎第4次拡大（1995年）　**15か国**
　オーストリア，スウェーデン，フィンランド
　（ノルウェーはまたも国民投票で加盟否決）

＋

◎第5次拡大（2004年）　**25か国**
　エストニア，ラトビア，リトアニア，
　ハンガリー，ポーランド，チェコ，
　スロバキア，スロベニア，キプロス，マルタ

＋

◎第6次拡大（2007年）　**27か国**
　ルーマニア，ブルガリア

＋

◎第7次拡大（2013年）　**28か国**
　クロアチア

第4章　地域主義の時代

ヒト条約」と呼ばれることもあります。この条約は、いわばECの憲法改正にあたります。つまりECは、根本的に新しい体制に移行しようと決意したのです。事実、条約が発効した1993年11月には、ECという名称も「**EU（European Union, 欧州連合）**」へと改められました。

経済・通貨同盟　欧州連合条約の中心的な目標は「**経済・通貨同盟**」の実現です。市場統合を達成したEU諸国は、今度は金融政策の統合に取りかかったのです。そのためには、新しい中央銀行と通貨の統合が必要となります。EUでは、1998年、「**欧州中央銀行（ECB）**」を創設し、また「マルク」や「フラン」に代わる新貨幣「**ユーロ**」を1999年1月に導入しました。

欧州通貨制度　じつはEC時代にも、金融面での政策協調を目的とした制度は存在しました。1979年に発足した「**欧州通貨制度（EMS）**」です。これをもとに、ECは域内における一定幅の固定相場制の実施に踏み切りました。このEMSは、各国通貨の価値が大きく変動した場合に為替市場に介入する制度として、「**為替相場メカニズム（ERM）**」をもっていました。通貨についての統合は、すでにこの頃から、少しずつ進められていたのです。

新制度への移行　加盟国の経済・通貨同盟への参加は段階的に進められます。各国ごとにその国の経済状況が異なるからです。すでに物価、財政、金利、通貨の4つの分野で、参加に必要な基準が定められています。新制度は、参加を希望し、また条件を整えた11か国だけで、1999年にスタートしました。そして2002年1月、ユーロは日常の通貨として市民生活でも普通に利用されるようになりました。これによって、ドイツのマルクやフランスのフランといった通貨は姿を消すことになったのです。

図表 4-5　欧州連合条約

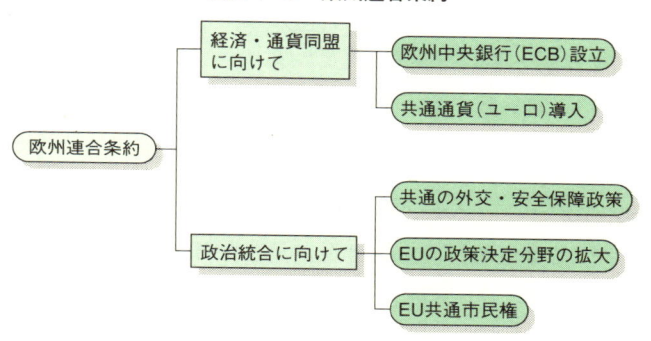

```
欧州連合条約 ─┬─ 経済・通貨同盟 ─┬─ 欧州中央銀行(ECB)設立
              │  に向けて        └─ 共通通貨(ユーロ)導入
              │
              └─ 政治統合に向けて ─┬─ 共通の外交・安全保障政策
                                   ├─ EUの政策決定分野の拡大
                                   └─ EU共通市民権
```

政治統合に向けて

　欧州連合条約は，何も経済の統合だけを定めているわけではありません。この条約によって，ほかにも国家統合を進めるためのさまざまな新制度が導入されました。

　共通の外交・安全保障政策　　欧州連合条約には「**共通の外交・安全保障政策**」の採用が盛り込まれました。これによって，外交や安全保障といった国家の存立にかかわる政策も，EUの場で決めて，加盟国が共同して実施できるようになりました。

　政策領域の拡大　　欧州連合条約によって，EUの政策決定権限は，産業，保健，教育，貿易，環境，エネルギー，社会政策，文化，観光，消費者保護などの分野にも拡大されることになりました。また，**内務（警察）や司法**についても，各国の政策協調の推進が合意されました。いまやEUは，ほとんどすべての政策領域をカバーしているのです。

　EU共通市民権　　また，欧州連合条約は「**EU共通市民権（参政権）**」も導入しました。EU市民は，EU域内のどこに住んでいても，その居住自治体（市町村レベル）と欧

第 4 章　地域主義の時代

州議会について，選挙権と被選挙権が認められるのです。ただし国政選挙への参加は，この権利には含まれていません。

欧州連合条約の改正　1997年，EU諸国はさらなる統合を推し進めるために欧州連合条約を改正しました（改正条約は**「アムステルダム条約」**と呼ばれています）。この改正条約では，議決に全会一致を必要としていた政策分野について棄権が採決を妨げないことなどが定められました。これは決議に賛成した国だけで共通政策をとることを可能にしました。「建設的棄権制」と呼ばれています。

2001年2月，EU首脳は新しい改正条約である**「ニース条約」**に調印しました（2003年発効）。今度の修正は，EUの東欧・地中海への拡大に向けて制度改革の指針を定めるためのものです。

また，EU加盟国が増えると，統合に向けた歩みにちがいが出てきます。そこで，一部の加盟国だけで政策統合を進められる**「先行統合」**制度も創設されました。これによって，8か国以上が合意すれば，外交・安保（軍事を除く）や司法・内務などについても，統合政策を実施することができることになりました。

EUの政治システム

ところで，超国家機関であるEUは，いかなる政治制度をとっているのでしょうか。まだ1つの国家になったわけではないので，いわゆる三権分立制とはかなりちがっているようです。

欧州理事会　大統領や首相といった加盟各国の政府の最高責任者の会議が**「欧州理事会」**です。年に2回は開催され，EUの基本方針などについて協議を行ないます。事実上の最高意思決定機関です。

EU理事会　　欧州理事会とは別に「**EU理事会**」というものも存在しています。こちらは、EU加盟国の閣僚による通常の意思決定機関です。まぎらわしい名前なので「EU閣僚理事会」と呼ばれることもあります。EUの政策やルールを決定するのは、基本的にこのEU理事会の役割です。国家でいうと「立法府」にあたります。

EU理事会は、各政策分野ごとに開かれ、それぞれの政策を担当する各国大臣が出席します。共通政策について話し合うほか、法案の議決も行ないます。政策統合が進むなかで理事会の開催頻度も増加し、いまでは毎週どこかで会議をしているような状態です。

特別多数決制の採用　　1960年代半ばにフランスが脱退騒ぎを起こしてから、ECの重要な決定はすべて全会一致制で行なわれてきました。しかし、全会一致制では、1国の反対で議決を葬り去ることができます。事実上、各国に「拒否権」があるのです。これでは国家統合という困難な課題に取り組むには不都合が多すぎます。

そこで単一欧州議定書で、案件によっては「**特別多数決制**」を採用してもよいことに修正しました。加盟各国の人口規模に応じて票を割りあて、その合計の一定数以上（約7割）が賛成したら可決とするのです。これで、たとえ大国であっても、1国の反対だけでは議案を否決することができなくなりました。国家主権は事実上制約され、EUの意思決定が「超国家的」な力をもつようになったのです。

欧州委員会　　「**欧州委員会**」は、EUの行政機構の頂点に位置する組織です。EUのいわば「内閣」にあたります。欧州委員会の委員は現在20名で、大臣と同じように、それぞれ担当行政分野が決められています。委員長はEUを代表する「顔」です。

欧州委員会は、EU理事会などに政策を提言し、またそ

図表 4-6　EUの政治システム

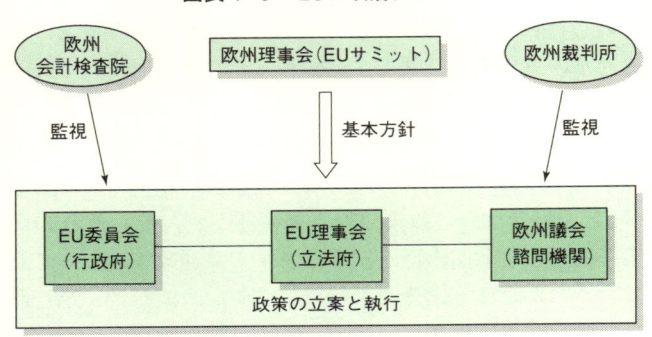

```
┌─────────┐      ┌──────────────────┐      ┌─────────┐
│  欧州   │      │ 欧州理事会(EUサミット)│      │ 欧州裁判所│
│会計検査院│      └──────────────────┘      └─────────┘
└─────────┘              │                      │
    │監視              基本方針                 │監視
    ▼                    ▼                      ▼
┌─────────────────────────────────────────────────┐
│ ┌─────────┐   ┌─────────┐   ┌─────────┐         │
│ │ EU委員会 │───│ EU理事会 │───│ 欧州議会 │         │
│ │ (行政府) │   │ (立法府) │   │(諮問機関)│         │
│ └─────────┘   └─────────┘   └─────────┘         │
│              政策の立案と執行                    │
└─────────────────────────────────────────────────┘
```

こで決められた政策を実施します。EU理事会が各加盟国の国家利益を表しやすいのにたいし，欧州委員会は基本的に政策統合の推進派です。

欧州議会　「**欧州議会**」は，EUの市民の意向を代表する議会です。しかし，政策はEU理事会で決められるのですから，欧州議会は議会ではあっても立法権をもっていません。つまり，基本的には**「諮問機関」**なのです。創設当初の目的は，EU市民を代表して欧州委員会やEU理事会に助言することでした。

しかし，欧州連合条約は，この欧州議会の権限を強化しました。徐々にちゃんとした立法府へと発展させていこうとしたのです。欧州議会には，欧州委員会の委員の承認権のほか，EU理事会の制定した法案を否定する権利などが認められました。

なお，欧州議会議員は加盟各国の有権者から**直接選挙**で選出されます。任期は5年で，議席は加盟各国の人口を基準に配分されます。議会内には，政治理念ごとに国境を越えた議員集団（政党）があります。政治的統合は，政党レベルでは進んでいるようです。

リスボン条約

政治統合の究極の目的は国家統合です。EUは1つの国家になることを想定した「国家的枠組みづくり」をはじめています。

憲法条約の挫折と修正　EU各国の首脳は，2004年10月，**憲法条約**に署名しました。しかし，加盟国における批准手続きの際，フランスとオランダで否決されてしまいました（ともに国民投票）。そのため，統合色を少し弱めた改革条約（通称**リスボン条約**）が2007年に調印されました。こちらは2009年に発効し，現在のEUの基本条約になっています。

リスボン条約の内容　リスボン条約は，これまで半年交代だった欧州理事会（首脳会議）議長に代わって，任期2年半の常任議長を新設し，事実上の**EU大統領**とすることとしました。また，対外関係を担当する**外相**も置かれることになりました。

一方，EU理事会の意思決定方式は，外交や財政といった各国の存立にかかわる重要政策分野を除いて，**二重多数決**へと改正されます。これによって，可決には「55％以上の加盟国の賛成」と「賛成国の人口の合計がEU人口の65％以上を占める」の2つの条件を満たすことが必要となります。国という単位とともに「EU人」の多数の支持という観点を加えたのです。

そのほか，これまで諮問機関的な役割が強かった欧州議会には**共同立法権**が付与されます。理事会とともに，EUの政策決定により大きな責任をもつこととなります。

東南アジア諸国連合（ASEAN）

EUに次いで，わが国でよく知られている地域機構とい

図表4-7　ASEAN加盟国

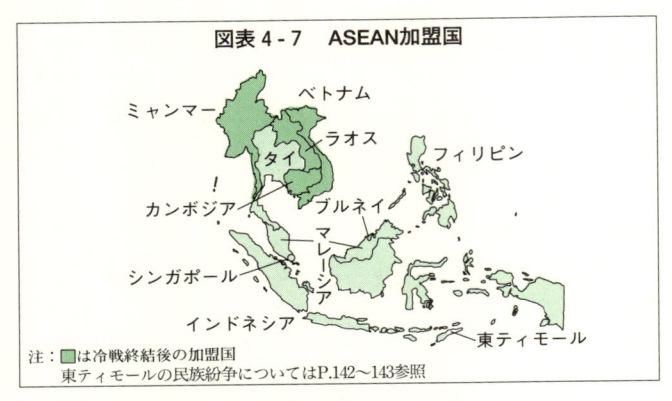

注：■は冷戦終結後の加盟国
東ティモールの民族紛争についてはP.142〜143参照

えば，東南アジア諸国連合（ASEAN，アセアン）ではないでしょうか。アジア地域ではもっとも積極的に活動している，東南アジア諸国の地域協力機構です。

ASEANの歴史　ASEANは，1967年，**インドネシア，マレーシア，タイ，フィリピン，シンガポール**によって創設されました。設立の目的は，経済・社会・科学分野における地域協力で，軍事や政治分野での協力は含まれていませんでした。しかし，設立の背景にベトナム戦争の影響があったことは明らかです。社会主義国である北ベトナムの積極的攻勢を前にして，東南アジアの資本主義国は結束する必要を感じていたのでしょう。なお1976年以降は，政治分野も正式に協議の対象に含められています。また，84年には，イギリスから独立したばかりの**ブルネイ**の加盟がありました。

冷戦終結後，ASEANは加盟国を積極的に拡大させています。95年には**ベトナム**が，97年には**ラオス，ミャンマー**が，99年には**カンボジア**が正式なメンバーとなりました。ASEANは名実ともに東南アジア全体の地域機構になったのです。さらに，2007年には「**ASEAN憲章**」を採択し，2008年に正式に国際法上の多国籍機関となりました。

ASEANの政治システム

ASEANでは，首脳会議，外相会議，経済閣僚会議などで意思決定がなされています。そのなかで最高意思決定機関は**首脳会議**です。年に一度開催されています。

ASEAN諸国の発展にとって周辺各国との協調は不可欠です。ですから，定例の首脳会議にあわせて，ASEANと日本，中国，韓国3か国による「**ASEAN＋3**」の首脳会議が開催されています。さらに2005年からは，ASEAN＋日中韓にインド，オーストラリア，ニュージーランド，さらに後に参加の米ロを加えた18か国による「**東アジア首脳会議**」も開催されるようになりました。

一方，ASEAN域内の実務的な政策調整は**外相会議**を中心に行なわれています。ただし，ここでも周辺各国との調整が必要となることから，定例の外相会議の後には，東アジアの国々はもちろん，アメリカやEUまで参加する「**拡大外相会議**」が開かれています。

ASEAN経済共同体

1992年，ASEAN首脳会議は，経済市場の統合を図ることに合意しました。これが「**ASEAN自由貿易圏（AFTA，アフタ）**」構想です。これに基づきASEAN各国は域内関税の撤廃を進めてきました。そして2015年には**ASEAN経済共同体（AEC）**を創設し，市場統合に踏み出しました。

ASEAN地域フォーラム

ASEANはアジア地域の安全保障についても積極的に活動しています。ASEANは1994年，周辺各国とアジアの安全保障について話し合う定例会議を設置しました。「**ASEAN地域フォーラム（ARF）**」です。ASEAN各国のほか，日本，韓国，北朝鮮，中国，アメリカ，EU，ロシアなどが参加しています。冷戦後のアジアの平和と安定に，大いに寄与するものと期待されています。

アジア・太平洋の地域機構

アジアにはASEANのほかにも、いくつかの地域機構が存在します。

アジア太平洋経済協力　地域機構というものは、そもそも地域が隣接した国どうしが結成するものです。とはいえ、「海をはさんだ隣国」という考え方もあるわけですから、「環太平洋」というのが1つの地域であってもおかしくはありません。

「**アジア太平洋経済協力（APEC、エイペック）**」は、自由貿易を尊重する太平洋周辺の国と地域が、より開放的で活発な経済交流をめざして創設した「協議機関」です。1989年、当時のオーストラリアのホーク首相の発案に基づいて設立されました。わが国をはじめ、韓国、中国、ロシア、フィリピン、インドネシア、オーストラリア、ニュージーランド、チリ、メキシコ、アメリカ合衆国、カナダなど、ぐるっと太平洋を取りかこむ国々が参加しています。「国と地域」とあるのは、中国とは別に台湾や香港もメンバーとなっているからです。

APECは、いわゆる地域機構とは少し性格が異なります。名称の終わりが「協力（cooperation）」となっているのも、まだ地域機構ではないことの表れです。APECは緩やかな集まりです。基本的には経済を中心とした「意見交換の場」とでも理解しておくとよいでしょう。

緩やかなグループとはいえ、APECはちゃんと貿易や投資の自由化に向けた努力を進めています。1994年にインドネシアのボゴールで開催された会議では、先進国・地域は2010年までに、途上国は2020年までに開かれた貿易・投資を達成するとの目標が合意されました。これを「**ボゴール宣言**」といいます。

さらに2006年，APECは自由貿易圏についての研究開始を宣言します。**アジア太平洋自由貿易圏（FTAAP，エフタープ）**に向けた歩みを始めたのです。これが実現すれば，総人口では世界の4割，GDPでは世界の5割をカバーする世界最大の自由貿易圏ができることになります。

　南アジア地域協力連合　インドやパキスタンなど南アジア諸国が1985年に結成した地域機構が**「南アジア地域協力連合（SAARC）」**です。この地域には不安定要因がありましたが，このSAARCの場を利用して関係改善も進んできています。2006年にはアフガニスタンも加盟しました。

　SAARCは，1995年から自由貿易圏の設立をめざして関税の引き下げなどを進めてきました。そして，2006年1月には，**SAFTA（南アジア自由貿易圏）**をなんとかスタートさせました。

　上海協力機構　**「上海協力機構（SCO）」**は，中国，ロシアと中央アジア4か国（カザフスタン，キルギス，タジキスタン，ウズベキスタン）が組織する比較的新しい地域機構です。テロ対策など安全保障面での協力が中心ですが，最近では経済分野での協力関係も強化しようとしています。

南北アメリカの地域機構

　北米自由貿易協定　カナダ，アメリカ，メキシコの北米3か国にまたがる自由貿易圏は，1994年に発効した**「北米自由貿易協定（NAFTA，ナフタ）」**によって設定されました。これによって，3国は域内関税と金融・投資に関する規制を段階的に撤廃することとなっています。このNAFTAは，基本的には，1989年から存在するアメリカとカナダの自由貿易圏をメキシコにも拡大したものです。

第4章　地域主義の時代

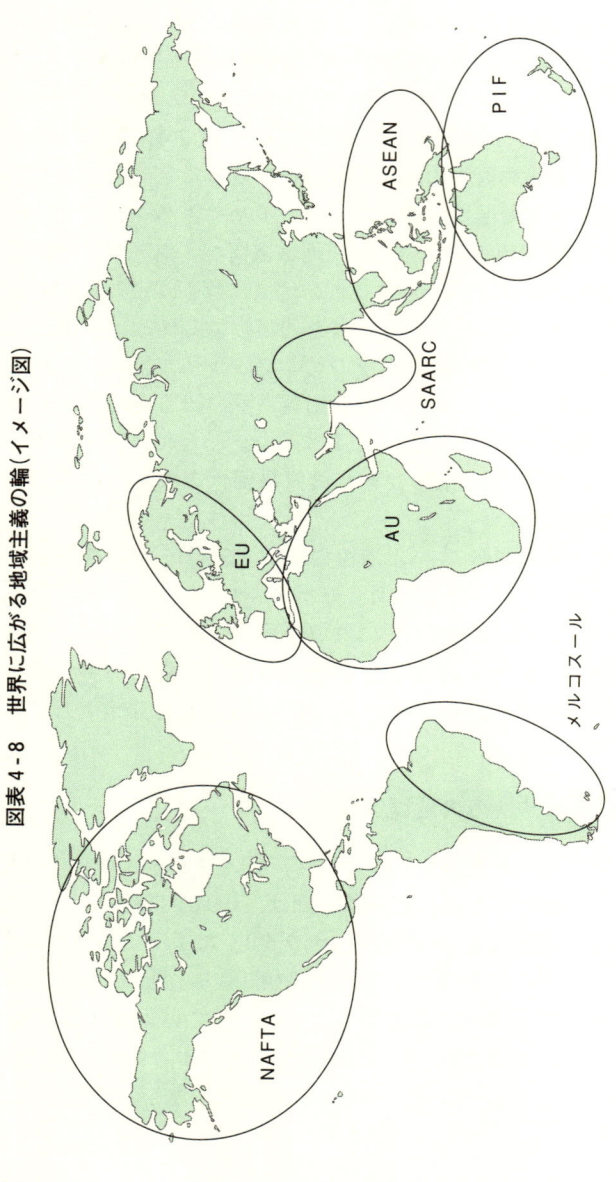

図表 4-8　世界に広がる地域主義の輪（イメージ図）

南米南部共同市場　　あまり知られていないことかもしれませんが，南アメリカの南部地域は，ヨーロッパの次に経済統合が進んでいる地域です。その担い手は，1991年にブラジル，アルゼンチン，ウルグアイ，パラグアイの南米4か国が創設した**「南米南部共同市場」**です。略して（といってもスペイン語ですが）**「メルコスール」**と呼ばれています。

　このメルコスールは，95年から早くも「関税同盟」の段階に入っています。まだいくつかの品目について例外があるようですが，すでに原則として域内の関税はゼロとされています。域外に対する共通関税も導入済みです。

　2012年にはベネズエラもメンバーに加わりました。さらに2015年にはボリビアの参加も承認されました。そのほか，エクアドル，コロンビア，チリ，ペルーが準加盟国として参加しています。準加盟国は域内関税の撤廃を進めることとなりますから，事実上，南米には10か国の貿易圏ができたことになります（南米には「アンデス共同体」という地域機構がありますが，すべての国がメルコスールに参加したことで，しだいに統合される方向です）。

　米州機構　　経済にばかり目を向けてきましたが，このアメリカ地域には地域防衛機構の元祖ともいえる**「米州機構（OAS）」**があります。これは南北アメリカ全体をカバーする地域機構で，1948年に設立されました。もともとアメリカ大陸の国々は，19世紀末から「汎米会議」を開いてきました。OASはこの歴史を受け継ぐかたちで，第2次世界大戦後まもなく設立されたのです。

　OASは基本的には地域防衛機構です。1加盟国にたいする攻撃は，OAS全加盟国に対する攻撃とみなされ，全加盟国から反撃されることになります。なお，このOASは，従来，アメリカの中南米支配の手段として利用されて

きました。しかし最近では，逆にアメリカの中南米政策が批判される場になっているようです。

その他の地域機構

アフリカ連合　アフリカには，日本などが未承認のサハラ・アラブ民主共和国（西サハラ）を含むほとんどのアフリカ諸国が加盟する巨大な地域機構があります。**アフリカ連合（AU）**です。

このAUは，1963年に創設された**アフリカ統一機構（OAU）**を2002年に発展させた地域機構です。もともと，OAUは植民地主義の根絶や経済開発の促進などを目標に掲げてきました。政策協調の対象には外交や防衛も含まれ，1995年には非核地帯条約（**ペリンダバ条約**）も採択されました。経済統合については「アフリカ経済共同体」を2025年までには設立することにしています。

さて，新たに発足したAUですが，とくにアフリカ地域の安全保障について積極的な役割を果たそうとしています。15か国で構成する平和安全保障理事会を設置し，域内の紛争を調停したり，場合によっては予防介入や武力介入も辞さないというのです。

太平洋諸島フォーラム　オーストラリア，ニュージーランド，フィジー，トンガなど，南太平洋にある16の国と地域が参加する地域機構が「**太平洋諸島フォーラム（PIF）**」です。1971年から「南太平洋フォーラム」として活動してきましたが，2000年からは「太平洋諸島フォーラム」と改名しました。

この地域機構はなんといっても反核運動で知られています。南太平洋の島々は，アメリカやフランスの核実験場として利用されてきました。この経験を重視して，PIF諸国は1985年にこの地域を非核地帯にするための条約を締結し

図表 4-9　経済統合の諸段階

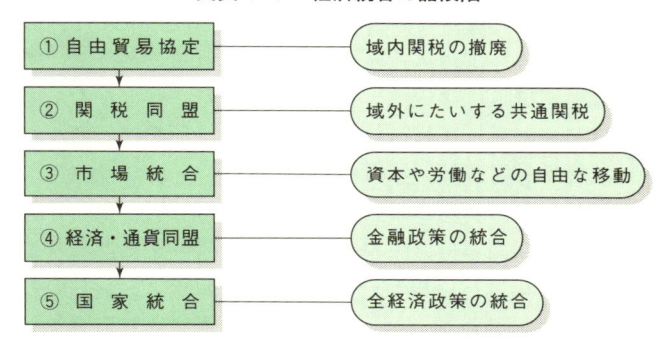

- ① 自由貿易協定 → 域内関税の撤廃
- ② 関税同盟 → 域外にたいする共通関税
- ③ 市場統合 → 資本や労働などの自由な移動
- ④ 経済・通貨同盟 → 金融政策の統合
- ⑤ 国家統合 → 全経済政策の統合

ました。**「ラロトンガ条約」** と呼ばれています。

地域主義の未来

経済統合の諸段階　経済統合の段階は，大きく5つに分けられます。域内関税の撤廃を図る「**①自由貿易協定**」の段階，域外にたいして共通関税を設定する「**②関税同盟**」の段階，資本や労働などの自由な移動を認める「**③市場統合**」の段階，金融政策の統一を図る「**④経済・通貨同盟**」の段階，そして完全な経済統一を可能にする「**⑤国家統合**」の段階です。すでにみたように，EUは現在，④の段階に進んできています。一方，それ以外の地域機構は，まだ①や②の段階を模索している状態です。まだしばらくは，世界地図のあちこちに⑤の巨大国家が登場することにはならないでしょう。

統合成功のカギ　ところで，EUの統合がうまくいっている理由はなんでしょうか。EUの場合，少なくとも2つの点で恵まれていたといえそうです。

1つは，**加盟国の経済格差**が比較的小さいことです。経済協力を進めていくうえで，経済格差がありすぎる国どうしだと，多くの問題が出てきてしまいます。経済的に遅れ

ている国の側では,「植民地」のように利用されることを危ぶむ声が出てくるでしょう。反対に経済的に進んだ国の側では,貧しい国のめんどうを見させられることにたいする不満がわき起こるかもしれません。EUにももちろん南北格差はあります。しかし,その格差は補助金などでなんとか調整できる範囲のものです。

　もう1つは,**文化の類似性**が高いということです。一般的に言語や宗教が近いほうが,統合をスムーズに進めることができます。たしかにカトリックとプロテスタントのちがいはあるのでしょうが,EU諸国にはキリスト教信者が多く,それが文化的共通性をもたらしています。もしかするとトルコのEU加盟がなかなか認められないのも,こんなところに理由があるのかもしれません。地域統合のむずかしさは,じつは経済的理由だけで統合を進められない点にあります。政治はもちろん,文化の影響もあるのです。

　日本と地域主義　ところで,わが国はどうなるのでしょうか。地域主義の時代であるにもかかわらず,緩やかな協議機関であるAPECを除けば,わが国が正式メンバーとして参加している地域機構はありません。韓国や中国と地域機構を作ればいいのかもしれませんが,過去の日本の行為がそれを困難にしています。また,政治的自由の程度や労働者の賃金などがあまりにもちがうため,少なくとも中国との経済統合はしばらくは無理でしょう。やはり,ASEANや東アジア首脳会議などの場を通じて地域協力を進めていくしか道はないのかもしれません。

第4章　練習問題

[問]　欧州連合（EU）とその発展に関するつぎの記述のうち，正しいものはどれか。

1　1968年，当時のECは加盟国間の域内貿易について製品ごとに統一関税を採用したが，域外諸国にたいしては各国別の関税政策が維持された。
2　ECは鉱工業における政策協調だけを目的とした地域機構であったが，現在のEUは農漁業政策についても共通政策を採用する超国家機関となった。
3　単一欧州議定書に基づいてECは市場統合を実現させたが，商品の移動が自由になっても各国ごとに製品の安全基準などが異なるため，実際には国家間での商品の移動にはまだ各国の許可が必要である。
4　欧州連合条約によって，EUは経済・通貨同盟の実現をめざすこととなったが，同時に外交政策や安全保障政策についても，より積極的に政策協調が図られることとなった。
5　欧州連合の政治制度は議院内閣制を基礎に作られているため，EU委員会の委員長は，欧州議会議員のなかから欧州議会が選出し，また欧州議会が不信任を決議した際は欧州議会を解散できる。

【解答と解説】　1．ECは，1968年，域内関税を撤廃するとともに，域外諸国にたいする共通関税を定めて，「関税同盟」を実現させた。2．共通農業政策（CAP）はEC時代の1962年から採用されている。3．ECは市場統合のために製品の安全基準などを統合した。したがって現在，商品は自由に加盟国間を移動できる。4．正しい。5．欧州連合の政治制度は基本的に議院内閣制ではない。EU委員長は欧州議会議員ではなく，また欧州議会の解散権ももたない。　　　　　正答　4

国際関係の歩き方④　地下鉄の見学

モスクワの地下鉄　ソ連時代に作られたものは、なにもかも画一化されてそうな感じがしますが、モスクワ中心部の地下鉄の駅はそうではありません。壁に大きなモザイクをあしらった駅や、ブロンズ像を並べている駅などがあって、それぞれが美術館的な雰囲気をかもしだしているのです。こうした駅の見学は、まず気合いを入れてエスカレーターに乗るところからはじまります。なにしろ、ものすごく長いエスカレーターが、日本だったら安全上の問題が起きそうなスピードで動いているのです。無事に乗れて、無事にプラットホームに立てたら、駅の構内をあちこち歩きまわってみましょう。けっこう面積が広いことが実感できるはずです。それもそのはず。当時のソ連政府が地下深くに大きな駅を145もつくったのは、いざというときに防空壕として利用するためだったからです。ということは、モスクワの美しい地下鉄の駅は、みんな「冷戦の遺産」ということになります。米ソの冷戦もずいぶん洗練された遺産を残したものです。

シンガポールの地下鉄　今度はシンガポールの地下鉄に乗ってみましょう。すると、あちこちに「罰金警告」がはられているのが目を引きます。たとえば、各車両の目立つ位置に、電車のなかで飲み食いすると罰金が科せられることが明示されています。駅のトイレに入ると「水を流さないと罰金だ！」と書かれています。そのほか、切符を折り曲げたり、座席に足を投げだしたりすることまで、この国では罰金の対象になるそうです。そこまでするかといった感じですが、規律正しい人間は一般に企業にとっては好都合。ですから、罰金制度はじつはこの国の経済発展に貢献してきたのかもしれません。

はじめて学ぶ 国際関係

第5章

経済対立の時代
……競争と協調の両立なんて？

南北問題

東西から南北へ　冷戦は、アメリカを中心とした西側ブロックとソ連を中心とした東側ブロックとの政治的亀裂を世界にもたらしました。冷戦後の現在、この東西の分断状況はもう存在しません。

それに代わって、いまの世界に大きな亀裂をもたらしているのは、**北の先進工業国（＝先進国）と南の開発途上国（＝途上国）との経済格差**ではないでしょうか。国際関係は、東西の政治的対立から南北の経済的対立へと、その中心軸を移したようです。

南側諸国の形成　もちろん、この「南北問題」は、東西冷戦時代から重要な国際問題となっていました。途上国が次々と政治的独立を果たしたのは、1950年代から60年代にかけてです。こうした国々にとっては、米ソの冷戦よりも、自分たちの国の経済発展のほうが重要でした。かれらは、アメリカを中心とする資本主義諸国とも、ソ連を中心とする社会主義諸国とも異なる独自の道を進もうとします。そして、「南側諸国」の団結が進んだ結果、1960年代には「南北問題」の存在がはっきりと浮かび上がってきたわけです。

資源ナショナリズム　団結した途上国側が要求したものは、先進国からの経済援助だけではありません。かれらは、そもそも世界全体の「経済構造」が、先進国側に有利になっていると考え、その修正を求めたのです。

このとき、途上国側の思想的基盤となったのは**「資源ナショナリズム」**でした。すでに70年代初頭の「第1次石油危機」の経験から、「資源」は先進国に対抗する有力な「武器」となりうることがわかっていました。そこで途上国は、先進国の多国籍企業などが国内で採掘している天然資源を

自らの手に取りもどし，それを武器に経済発展を図ろうとしたのです。

新国際経済秩序　資源ナショナリズムに立った新しい国際経済の秩序の誕生は，国連総会でも確認されました。第1次石油危機後の1974年，国連は「資源特別総会」を開き，そこで**「新国際経済秩序（NIEO，ニエオ）」**の樹立宣言を採択したのです。この「NIEO」は，途上国が望んでいた天然資源にたいする恒久主権を認め，さらに多国籍企業の規制や貿易条件の改善などを定めました。南側諸国にとっては，大きな前進でした。

南側諸国の多様化　ところが一方で，1970年代は南側諸国の団結が揺らぎはじめた時期でもあります。途上国のなかから，経済的な豊かさを享受する国が現れはじめたのです。「豊かな南」を構成したのは，大きく分けて2つのグループの国々です。1つは，サウジアラビアやクウェートといったアラブの石油産出国です。豊富な天然資源をもつ国は，「NIEO」を背景に経済を順調に成長させることができました。そして，もう1つは，工業化を成功させた国や地域です。当時は「新興工業地域（NIES）」と呼ばれました。韓国，台湾，香港，シンガポールなどがその代表と考えられていました。

南南問題　反対に，資源もなく，また工業化もうまくいかなかった途上国は，貧しいまま取り残されました。同じ南の国のなかで，はっきりとした経済格差が生じてしまったのです。これを「南南問題」といいます。残念ながら，いまもこの格差は拡大しています。

後発開発途上国問題

後発開発途上国　国際関係では，とくに開発が遅れている途上国を**「後発開発途上国（LDC）」**と呼びます。具

図表 5-1　70年代の途上国情勢

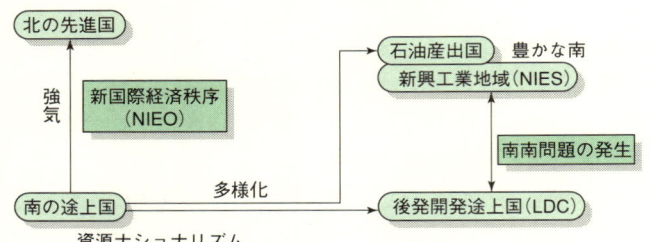

```
北の先進国                   石油産出国   豊かな南
    ↑                       新興工業地域（NIES）
 強  新国際経済秩序
 気  （NIEO）                              南南問題の発生
    ↓          多様化
南の途上国 ──────────────→ 後発開発途上国（LDC）
   資源ナショナリズム
```

体的には，恒常的に貧困にあえいでいるような国々のことです。LDCの指定は，1人あたりの国民所得，識字率，工業化率などを基準として行なわれます。現在，アフリカを中心に，世界の約4分の1の国がこれに該当しています。

後発国の未来　　残念ながらLDCにとって，経済発展のチャンスは少なくなる一方のようです。まず，これだけ先端技術が進んでしまった現在では，少しぐらい天然資源をもっていても，それだけで国づくりをすることはむずかしくなっています。たしかに，光ファイバーの時代に銅線は不要です。ですから銅がとれても，それを先進国に高く売って，経済発展の原動力にできるとはかぎらないのです。

また，こうした国々では「砂漠化」の進行など，環境の悪化も問題です。農業生産を軸に経済を立て直そうとしても，なかなかむずかしいのです。工業化はさらに困難な課題です。安い労働力を目当てに先進国が工場を移転してくる可能性も，そう高くはありません。電力や道路などの経済基盤（インフラ）の整備が遅れているからです。

こうしたことに加えて，途上国にはしばしば民族紛争や内戦が見られます。経済発展を模索するどころか，住民にとっては日々の命をつなぐことすら心もとない状況なのです。先進国からの経済援助も，武器の購入などに充てられる危険性があります。貧しいなかで武器だけが増えていく

とは、なんとも困ったことです。

後発国対策　LDC問題は、考えれば考えるほど絶望的になっていきます。しかし、まだ何かチャンスは残っているはずです。たしかに、これらの国が経済的な豊かさを謳歌（おうか）するようになるには、相当な時間がかかることでしょう。しかし、とりあえず貧困から抜けだすことはできるかもしれないのです。

なお、国連ではこれまで1981年、1990年、2001年、2011年の4回「**国連後発開発途上国会議**」を開いて、LDC諸国が「持続可能な発展」に向け開発を進めることができるように協議を積み重ねてきました。わが国も特恵関税制度を拡充したり、インフラ整備を支援したりして、LDC諸国への支援を強化しています。

国連開発の10年

国連の南北問題への取り組みは、1960年代にはじまりました。まず、アメリカのケネディ大統領の提唱に基づいて、国連総会は1960年代の10年間を「**国連開発の10年**」とすることを定めました。先進国と途上国の国際協力によって、途上国全体の経済発展を促進しようというのです。

第1次国連開発の10年　1960年代の「第1次10年」は、目標として途上国の経済成長率を年平均5％以上とすることを掲げました。天国にいる（？）ケネディの願いが通じたのか、農業生産などの増大によって、途上国全体の経済成長率は5％を超えました。目標は無事達成されたのです。

第2次国連開発の10年　1970年代の「第2次10年」では、目標値は年平均6％へと高められました。「第1次10年」の成功を受けて、さまざまな経済指標ごとに数値目標を設定して、途上国の成長をうながそうとしたわけです。しかし、「第2次10年」は困難な事態に直面することにな

図表5-2　国連開発の10年

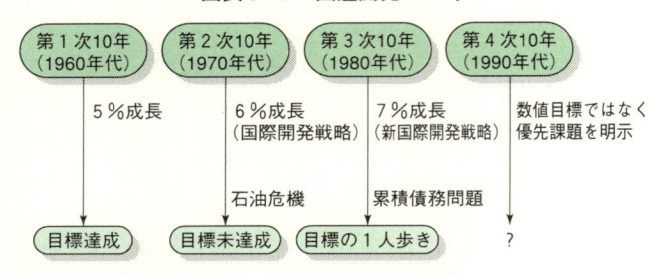

```
┌─────────────┐  ┌─────────────┐  ┌─────────────┐  ┌─────────────┐
│ 第1次10年   │  │ 第2次10年   │  │ 第3次10年   │  │ 第4次10年   │
│ (1960年代)  │  │ (1970年代)  │  │ (1980年代)  │  │ (1990年代)  │
└──────┬──────┘  └──────┬──────┘  └──────┬──────┘  └──────┬──────┘
       │                 │                 │                 │
   5％成長         6％成長          7％成長         数値目標ではなく
              （国際開発戦略）  （新国際開発戦略）   優先課題を明示
       │                 │                 │                 │
       │              石油危機         累積債務問題            │
       ▼                 ▼                 ▼                 ▼
 ┌──────────┐     ┌──────────┐     ┌──────────────┐        ?
 │ 目標達成 │     │目標未達成│     │目標の1人歩き │
 └──────────┘     └──────────┘     └──────────────┘
```

ります。途中，2度にわたる**「石油危機」**にみまわれたのです。そのため「第2次10年」による途上国の経済成長率は，目標値には届きませんでした。

第3次国連開発の10年　それにもかかわらず，1980年代の「第3次10年」は，目標となる数値をさらに1％上積みしました。**「新国際開発戦略」**を打ちたてて，開発途上国の経済成長を年平均で7％も引き上げようというのです。しかし，この数値はほとんどの途上国にとって達成不可能なものでした。結局，目標ばかりが独り歩きすることとなりました。

第4次国連開発の10年　1990年代の「第4次10年」では，ついに全体の数値目標の設定は見送られました。その代わりに，開発の優先的課題を掲げることとなりました。経済の加速的成長，貧困と飢餓の撲滅，人的資源の開発，人口問題・環境問題・後発開発途上国問題への配慮などが，目標とされることとなったのです。

抽象的なスローガンにすぎないとの批判もありますが，これらの目標は，開発について広い視野をとっている点で評価できます。そもそも途上国の開発は，毎年の経済成長率を高めればいいというものではありません。環境などにも配慮しつつ，より長期的な見地から，開発はなされるべきものなのです。最近よく用いられる**「持続可能な開発」**

という考え方は,その意味で大変重要だといえます。

こうした考え方は,その後の「10年」にも受け継がれています。ただし,今ではより焦点を絞った専門的な「10年」のプログラムが実施される傾向にあります。そうしたものには,「貧困撲滅のための国連の10年(1997〜2006)」や「国連持続可能な開発のための教育の10年(2005〜2015)」などがあります。

国連貿易開発会議(UNCTAD)

国連では,多くの国際機関が途上国問題にかかわっています。そもそも途上国では,経済問題に加えて食糧問題,人口問題,環境問題,難民問題なども発生しているわけですから,ほとんどすべての国連機関がかかわっているといったほうが適切かもしれません。そのなかで,先進国と途上国の「南北問題」の中心的な議論の場になっているのは,**「国連貿易開発会議(UNCTAD,アンクタッド)」**です。

UNCTADの誕生　1964年の国連総会は,途上国の要求を受け入れて,「国連貿易開発会議」の設置を決議しました。名前に「貿易」と付いている点に注目してください。途上国の産業を育成するには,そこで生産される産物を先進国が積極的に買うことが不可欠です。UNCTADは,それゆえ,**「援助よりも貿易」**という立場で南北問題の解決にあたることを,その名称で宣言したのです。

77か国グループ　UNCTADの第1回総会は1964年に開かれました。この会議で,途上国側は強い団結を示します。**「77か国グループ(G77)」**を結成して,総会の場で共同行動をとったのです。ほぼ4年ごとに開催されているUNCTADの総会では,いまもこの「G77」が,南側諸国の結束と政策調整において,大きな役割を果たしています。もちろん現在では参加国が増えて,もはや「77か国」では

第5章　経済対立の時代

ないのですが，いまでもグループの名称は「77か国グループ」のままです。

1次産品の商品協定
さて，UNCTADの代表的成果を見てみましょう。第1に挙げられるべきは，「1次産品の商品協定」の締結です。天然ゴムやスズなどの工業原材料やコーヒーや砂糖といった嗜好品を**「1次産品」**といいます。開発途上国は，植民地時代に1つの「1次産品」に特化した生産構造を強いられました。ですから，今日でもこうした産物の価格の変動は，その国の経済状態に大きな影響を及ぼしています。そこで，「1次産品」の価格や生産量を，その消費国である先進国に協力してもらって，あらかじめ大まかに決めてしまうことにしたのです。これが「1次産品の商品協定」です。

特恵関税
UNCTADの第2の成果は，先進国側に途上国の製品にたいする「特恵関税」を認めさせたことです。**「特恵関税」**とは，ある国からの輸入品にかけられる関税を特別に引き下げることをいいます。関税が低ければそれだけ安く製品を販売できるので，途上国の工業育成にはプラスに働くものと期待されました。ちなみに，わが国は現在，150ほどの国にたいして，この「特恵関税」を適用しています。

GNP1％援助
1960年代，UNCTADでは，貿易だけでなく援助についての取り決めも行なわれました。その最大の成果は**「GNP1％援助」**です。先進国は，政策目標として，そのGNPの1％を途上国にたいして援助することになりました。ところが，その約束は実現不可能だということで，70年の国連総会で修正されます。そして今度は，GNPの0.7％援助が目標とされました。しかし目標を下げても，まだその半分ほどしか達成できていないというのが実状です。

政府開発援助（ODA）

ODAの種類　「政府開発援助（ODA）」は，途上国の開発を目的とした，政府（または政府関係機関）による資金協力です。民間の資金協力よりも条件がよいことが特長です。なお，「ニエオ」や「アンクタッド」と異なり，なぜかODAは「オダ」とは読みません。

ODAには，1つの途上国を対象とした**「2国間援助」**と，国際機関をつうじて行なう**「多国間援助」**があります。わが国のODAの大半は「2国間援助」です。

一般に，開発援助の方法は，**「贈与」**と**「貸与」**に大別されます。「贈与」には，金銭の贈与（無償資金協力）だけでなく，**「技術協力」**も含まれます。もう一方の「貸与」の中心は**「政府直接借款」**です。わが国ではよく**「円借款」**と呼ばれています。そもそも「借款（しゃっかん）」とは，民間の金融機関よりも緩やかな条件で行なわれる開発資金の貸し付けのことです。具体的には，より低い金利で，より長い返済期間の資金を途上国に貸すのです。これは通常，道路や橋など途上国の経済基盤の整備に使われています。

図表5-3　ODAの種類

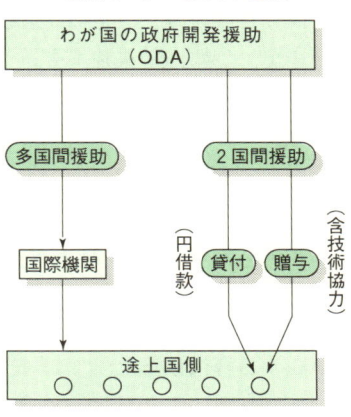

```
┌─────────────────────────┐
│  わが国の政府開発援助   │
│        （ODA）          │
└─────────────────────────┘
     │              │
  多国間援助     2国間援助
     │         │         │
     │       （円     （含
     │        借      技術
     │        款）    協力）
     │        貸付   贈与
     ▼         │     │
  国際機関     │     │
     │         ▼     ▼
     └──────►途上国側
           ○ ○ ○ ○ ○
```

グラント・エレメント

ODAでは，途上国に貸し付けられる資金の条件の緩やかさが問題となります。できるだけ緩やかなほうが，途上国にとってはありがたいからです。この援助条件の緩やかさを示すのが，**「グ**

ラント・エレメント」という指標です。まず、民間銀行の条件で行なわれる貸し付けをG. E. 0％とします。条件が緩和されるに従って値を大きくし、贈与をG. E. 100％とするのです。一般に、グラント・エレメントが25％以上のものだけが、公式に「ODA」と呼ばれます。

開発協力大綱　途上国にたいする経済援助については、本当に有意義に使われているのか気になるところです。とくにわが国の経済援助については、きちんとした理念のもとに行なわれていないのではないか、との批判がありました。このため1992年、わが国はODAについての理念と原則を示した**「政治開発援助大綱（ODA大綱）」**を定めました。

この大綱は、2015年、大幅に改正され、名称も**「開発協力大綱」**に改められました。資金援助をイメージしやすい「援助」を「協力」に変えて、わが国の開発支援に平和構築やガバナンス、基本的人権の推進、人道支援などを含めるようにしたのです。

新大綱は基本方針として、①非軍事的協力による平和と繁栄への貢献、②人間の安全保障の推進、③自助努力支援と日本の経験と知見を踏まえた対話・協働による自立的発展に向けた協力の3つを掲げました。「人間の安全保障」とは、紛争、災害、感染症など、人間に対する脅威をなくそうという考え方です。

実施上の原則には、外交的な戦略性の重視や日本の強みの活用などが掲げられました。武器購入などに利用されないよう、適正性にも配慮するとしています。

開発援助委員会　**「経済協力開発機構（OECD）」**の**「開発援助委員会（DAC）」**は、先進諸国が経済援助についての政策調整を行なう場です。そもそもOECDは先進国だけで構成する経済協議機関で、「先進国クラブ」というあだ名まであります。ここには、協議内容に対応していくつかの

委員会が設置されており、このうち途上国にたいする援助のあり方を担当するのが「DAC」なのです。各国のODAの実状を比較するときなどには、一般に「DAC」の統計が用いられます。

残念なことに、この統計を見ると、わが国のODAの問題点が明らかになります。総額はとても多いのですが、「ODAの対国民所得比」、「贈与比率」、さらには全体の「グラント・エレメント」といった指標が、DAC加盟国のなかでは低いのです。どうもODAについては質的な改善がまだまだ必要なようです。

国際金融機関

各国政府が行なうODAも大切ですが、国際社会には途上国に資金援助を行なう国連の専門機関がいくつもあって、それぞれ重要な役割を果たしています。ここでは、それらの役割をまとめておくことにしましょう。

国際通貨基金　「国際通貨基金(IMF)」は、各国の通貨価値の安定を図るために設立された国連の専門機関です。各国通貨の安定のために、国際収支赤字国にたいする短期の融資などを行なっています。最近では、融資にあたって、その国の財政政策や金融政策の是正を求めるようになりました。IMFが具体策を示して、融資対象国の経済構造を調整しながら、通貨の安定を図ろうというわけです。いまやIMFは、途上国の経済構造の「ご意見番」的存在となっています。

国際復興開発銀行(世界銀行)　「国際復興開発銀行(世界銀行・IBBD)」は、経済の復興や開発を支援するために長期の融資を行なう「銀行」です。IMFとともに国連の専門機関として、戦後まもなく設立されました。わが国も戦後の経済復興を進めるなかで、道路や鉄道などの基盤整

図表 5-4　国際経済機関

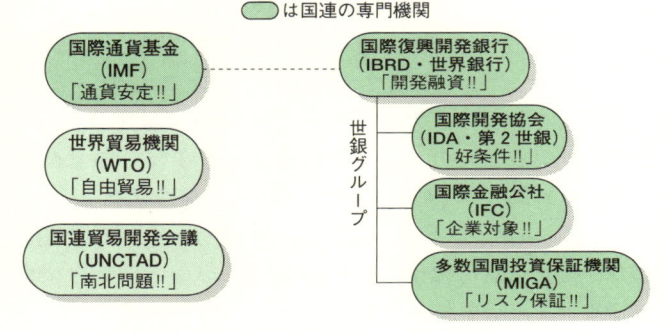

🟢 は国連の専門機関

- 国際通貨基金（IMF）「通貨安定!!」
- 国際復興開発銀行（IBRD・世界銀行）「開発融資!!」
- 世界貿易機関（WTO）「自由貿易!!」
- 国連貿易開発会議（UNCTAD）「南北問題!!」

世銀グループ：
- 国際開発協会（IDA・第2世銀）「好条件!!」
- 国際金融公社（IFC）「企業対象!!」
- 多数国間投資保証機関（MIGA）「リスク保証!!」

備にこの「世銀」からの融資を利用しました。東海道新幹線の建設も，世銀の融資があったからできたことです。現在は，途上国の経済状況を改善するために，多様な融資活動を行なっています。

世銀グループ　世界銀行には，その活動を補完する国連の専門機関がいくつかあります。世界銀行はこれらとともに「世銀グループ」を構成しています。

①**「国際開発協会（IDA）」**は，世界銀行の貸し付け条件に応じられない低所得国にたいし，ほとんど無利子で資金を貸し付ける銀行です。「第2世銀」とも呼ばれています。1960年に設立されました。

②**「国際金融公社（IFC）」**は，途上国の民間企業の育成を目的とした国際機関です。世銀や第2世銀が政府にたいする貸し付けを行なうのにたいし，このIFCは企業向けの融資を担当します。1956年に設立されました。

③**「多数国間投資保証機関（MIGA）」**は，途上国への投資の促進を目的とした保証機関です。民間の銀行が途上国に投資しやすいように，リスクにたいする保証を行ないます。1988年に設立された比較的新しい国際金融機関です。

国際経済体制

ところで，現在の国際経済の問題は，なにも南北問題だけではありません。先進国どうしも頻繁に「摩擦」を起こしています。今度は，こうした問題を考えていくことにしましょう。そのためには，まず最初に，戦後の国際経済体制について学習しておく必要があります。

ブレトン・ウッズ体制　戦後の新しい国際経済体制の構想は，1944年，アメリカのニューハンプシャー州**ブレトン・ウッズ**における国際会議で作成されました。この会議は，事実上，イギリスが世界経済の主導的役割をアメリカにバトンタッチする場となりました。アメリカの**ドルが基軸通貨**となり，またアメリカの望む**「自由貿易」**が国際経済の基本的価値となることを，世界各国が容認したのです。

こうして，この会議以降，ドルは金とともに国際通貨となりました。金とドルの交換比率は固定され，また各国の通貨の交換比率（平価）も，金およびドルに対して一定に定められました。

また，この会議では，通貨と金融の面から自由貿易の基礎づくりを担当する2つの国際機関が創設されました。さきに述べた**国際通貨基金（IMF）**と**国際復興開発銀行（IBRD）**です。肝心の貿易問題を担当する国際機関は，後に設立されることとなりました。

国際貿易機構の失敗　ところが，2年の交渉を経て設立が合意された**「国際貿易機構（ITO）」**は，結果的に発足できませんでした。アメリカ議会が批准を拒否したことが原因です。当時のアメリカにとって，自由貿易体制はまちがいなく自国の経済にプラスに働く制度でした。しかし，自由な国際競争よりも国家の保護（＝保護貿易）を求めるアメリカ企業も多かったのです。かれらは批准に反対する

ように議員に働きかけ、せっかくのITO構想をつぶしてしまいました。

IMF・GATT体制 しかし、ITOの精神はかろうじて生き残りました。国際機関の代わりに、自由貿易を目的とした「国際協定」を結ぶことに各国が合意したのです。これが**「関税および貿易に関する一般協定（GATT, ガット）」**です。先進国にとって重要な国際経済体制の骨格は、これでなんとか整いました。この体制は「IMF・GATT体制」などと呼ばれています。

ニクソン・ショック 戦後の国際経済は、アメリカがリードすることになりました。とはいえ、アメリカの経済だって万能ではありません。早くも1950年代末頃から、アメリカの国際収支は悪化しはじめ、ドルの海外流出がみられるようになりました。さらにそれ以降、ドルの供給が過剰になり、ドルにたいする信頼はしだいに低下していきます。その結果、各国はドルをどんどん金に交換するようになり、アメリカの金準備高は大きく減少してしまいました。1971年、ニクソン大統領はついにたまりかねて、**「金とドルとの交換停止」**を発表します。これが**「ニクソン・ショック」**です。アメリカの経済力の限界を示す大変な出来事でした。

変動為替相場制の導入 ニクソン・ショックを受けて、世界10か国の財務大臣が、急遽（きゅうきょ）ワシントンのスミソニアン博物館に集まりました。そして、国際通貨秩序に関する新しい協定を作ったのです。これを**「スミソニアン合意」**といいます。ドルは金に対して切り下げられ、各国の通貨もそれにあわせて調整されました。

しかし、それでもドルにたいする信認は回復しませんでした。1973年に入ると、日本や西欧諸国は、それまでの**「固定為替相場制」**をやめて**「変動為替相場制」**に移行してし

図表5-5　国際経済体制

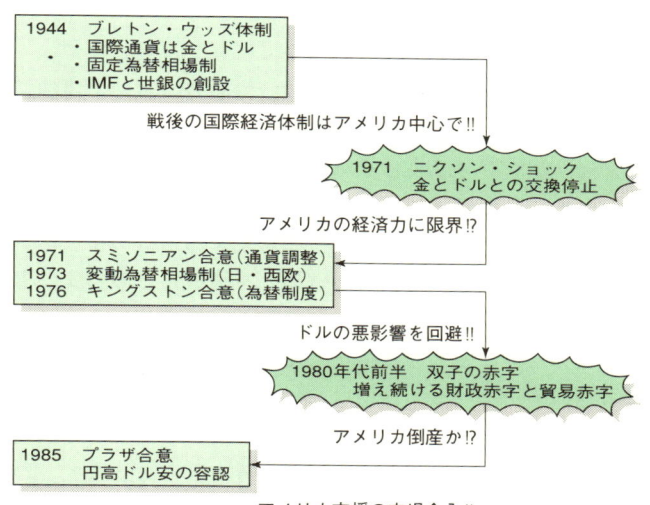

- 1944　ブレトン・ウッズ体制
  - 国際通貨は金とドル
  - 固定為替相場制
  - IMFと世銀の創設

戦後の国際経済体制はアメリカ中心で!!

- 1971　ニクソン・ショック
  - 金とドルとの交換停止

アメリカの経済力に限界!?

- 1971　スミソニアン合意（通貨調整）
- 1973　変動為替相場制（日・西欧）
- 1976　キングストン合意（為替制度）

ドルの悪影響を回避!!

- 1980年代前半　双子の赤字
  - 増え続ける財政赤字と貿易赤字

アメリカ倒産か!?

- 1985　プラザ合意
  - 円高ドル安の容認

アメリカ支援の市場介入!!

まいます。自国通貨とドルとの交換レートを毎日変えることで、価値の下がるドルの影響を回避しようとしたのです。なお、この「変動為替相場制」は、1976年のIMF暫定委員会において、正式な為替相場制として認められました（**キングストン合意**）。

プラザ合意　1980年代に入ると、アメリカは財政赤字と貿易赤字という**「双子の赤字」**に悩まされます。赤字の穴埋めをするための借金（債務）も、どんどん膨らんでいきました。このままではアメリカを中心とした戦後の国際経済体制が崩壊してしまう、との懸念も出てきました。こうした状況に、先進各国は「政策協調」で立ち向かいます。ドルの価値を意図的に下げて、アメリカの経済力の回復を図ることにしたのです。1985年のこの国際金融市場への政策介入は**「プラザ合意」**と呼ばれています。覇権国アメリカは、みんなに支えてもらわないと立てないほど病んでい

たのです。

日米経済摩擦

自由貿易の理念　アメリカ社会の活力の源は「自由競争」です。たしかに自由競争の社会は「甘い社会」ではありませんが，アメリカはそれが国家や個人の成長エネルギーとなることを知っていました。そこでアメリカは，戦後の国際貿易のあり方にも，同様の理念をあてはめました。「管理貿易」を否定し，「自由貿易」を推進したのです。もちろん，自由貿易を通じての国際的な経済競争は，強者であるアメリカに多大な利益をもたらすものと信じられていました。

自由から公正へ　しかしアメリカは，早くも60年代後半には，自由競争の厳しさを実感することになります。わが国などが，アメリカに「追いつけ追い越せ」とばかりに，猛スピードで経済成長を遂げてきたのです。アメリカ国内でも，日本からの製品などがよく売れるようになっていました。アメリカは困ってしまいます。いまさら「自由競争」を否定するわけにもいきません。そうかといって「負け」を認めるのは，世界経済のリーダー国としてのプライドが許さないのです。そこで，アメリカは**「公正」**という新たな基準を持ちだしました。アメリカ製品が売れないのは，競争が「フェア」に行なわれていないからだというわけです。

日米貿易摩擦　1960年代から70年代にかけて，アメリカは，まずアメリカ市場を席巻する日本製品を個別に問題視しました。日本企業は，それぞれの製品を「不当に」安く売っているにちがいないというのです。問題となった商品は，**繊維，鉄鋼，カラーテレビ，工作機械，自動車**などでした。アメリカの「本音」は，負けそうなアメリカ企業

図表 5-6　日米経済摩擦

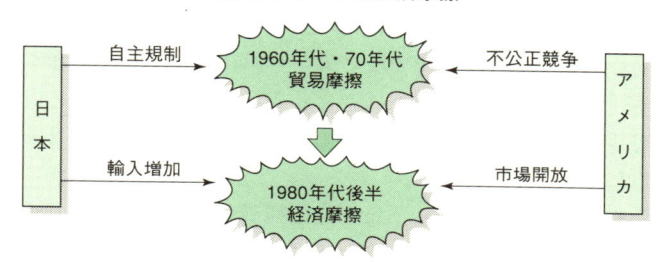

```
日本 ──自主規制──→ 1960年代・70年代 ←──不公正競争── アメリカ
                    貿易摩擦
                      ↓
日本 ──輸入増加──→ 1980年代後半   ←──市場開放── アメリカ
                    経済摩擦
```

を保護することにあったのでしょうが,自由競争の「建て前」からそうはいえません。日本企業はきっとずるいことをしていると決めつけて,是正を求めてきたのです。これが初期の「日米貿易摩擦」の実態でした。

こうした摩擦にたいして,わが国は得意の「集団ガマン戦略」をとります。いわゆる**「輸出自主規制」**です。業界団体などが中心となって関係企業に輸出量を割りあて,自分から輸出を制限してしまったのです。

日米経済摩擦　こうした努力にもかかわらず,日米間の貿易関係はますます不均衡なものになっていきました。ますます多くの日本製品が,アメリカ市場に進出していったためです。もはや問題は,個別製品の輸出自主規制だけでは解決できなくなっていました。すると今度は,アメリカはわが国の経済構造や制度に問題があると考えるようになりました。こうして1980年代後半,「貿易摩擦」は**「経済摩擦」**へと発展したのです。

アメリカがとくに問題としたのは,わが国の**「市場開放」**でした。アメリカ製品が日本で売れないのは,日本市場が閉鎖的だからだというわけです。同時に,アメリカはわが国が内需を拡大して,もっとアメリカ製品を輸入するように求めました。おかげで日本では,首相が「もっと外国製品を買おう」と呼びかける事態となりました。

第5章　経済対立の時代

こうしたなか，1989年から90年にかけて**「日米構造協議」**が開かれました。改めて双方の経済構造の問題点を議論しようというわけです。アメリカは，わが国の商慣習や系列取引を批判しました。逆にわが国は，アメリカ人の貯蓄性向の低さやアメリカ企業の近視眼的な経営戦略などを問題としました。

　その後，1993年から**「日米包括経済協議」**がはじまりました。この協議も「日米構造協議」と同じく，両国の経済構造の問題を議論するためのものでした。こうした協議は形を変えながら2000年代初頭まで続けられました。

世界貿易機関（WTO）

　わが国とアメリカは，これまでおもに「2国間協議」で貿易問題を解決しようとしてきました。しかし，当事者どうしの議論にはどうしても限界が出てきます。貿易をめぐる紛争は，本来，国際的な場で，第三者にきちんと判断してもらうべきものなのかもしれません。

　GATT　1947年から約50年間，貿易に関する「多国間協議」の場となったのが，**「関税および貿易に関する一般協定（GATT，ガット）」**です。貿易の自由化を目標に，各国の貿易にたいする障害や通商上の差別待遇などの軽減および撤廃を図ってきました。

　GATTにおける国際貿易のルールは，加盟各国が集う**「多角的貿易交渉（ラウンド）」**において定められます。約50年のあいだに8回の「ラウンド」が開かれました。初期の「ラウンド」では，関税の引き下げだけが議論の対象でした。関税以外の貿易障壁が議論されるようになったのは**「東京ラウンド（1973年～79年）」**からのことです。そして，**「ウルグアイ・ラウンド（1986年～93年）」**では，サービス貿易や知的所有権についてのルール作りも行なわれました。

世界貿易機関　　ウルグアイ・ラウンドでは，GATTの機能強化も話し合われました。そして，多様化する貿易問題に対処するには，GATTをきちんとした国際機関にするべきだという意見が了承されたのです。こうして，1995年，GATTは**「世界貿易機関（WTO）」**へと脱皮しました。ITOの失敗以来，約半世紀の時を経て，ようやく貿易問題を扱う正規の国際機関が誕生したことになります。

新たに誕生したWTOの役割は，①GATTウルグアイ・ラウンドでの合意事項を実施すること，②貿易をめぐる紛争を処理すること，③多角的貿易交渉（ラウンド）におけるルール作りを進めること，④各国の貿易政策を審査すること，などです。

紛争処理　　自由貿易ができずに被害を受けた国は，相手国をWTOに提訴することができます。WTOでは，全加盟国が反対しないかぎり**「パネル（紛争処理小委員会）」**を設置して，問題の調査と是正措置の勧告を行ないます。もちろん加盟国は勧告に従わなければなりません。勧告を無視すると，WTOは対抗措置を発動します。

ドーハ開発アジェンダ　　2001年，WTOはカタールのドーハで開かれた閣僚会議で，新しい多角的貿易交渉（ラウンド）の立ち上げに合意しました。ウルグアイ・ラウンド以来，15年ぶりのことです。この交渉は，一般には「ドーハ・ラウンド」と呼ばれていますが，正式には**「ドーハ開発アジェンダ」**といいます。

ドーハ・ラウンドは2004年に枠組み合意が採択されました。しかし，最終合意をまとめる段階で各国の利害調整ができず，交渉開始から10年目の2011年に交渉の断念が宣告されてしまいました（その後「部分合意」は達成されました）。

EPA／FTA

　WTOの活動が停滞したことを受けて，1990年代以降，世界中でEPA／FTAの締結数が増加しています。**FTA（自由貿易協定）**とは，締結国どうしが，相互に物品の関税を撤廃したり，サービス貿易の障壁を取り除いたりして，貿易の拡大を図る取り決めです。FTAに加え，投資，競争，人の移動の円滑化や，経済諸制度の調和など，経済全般の連携強化を目指す総合的な協定が**EPA（経済連携協定）**です。最近では，世界各国がこうした協定の締結にかなり積極的になっています。

　2002年以降，日本もいろいろな国や地域機構とEPAを締結してきました。2013年には，高いレベルの貿易自由化をめざす**TPP（環太平洋パートナーシップ）協定**の交渉にも参加するようになりました。

第5章　練習問題

[問]　南北問題に関するつぎの記述のうち，正しいものはどれか。

1　「国連開発の10年」とは，先進国が途上国とともに実施する政策パッケージの呼び名であり，現在の「第4次10年」では，途上国の農業生産を平均で8％増大させることを中心的目標としている。
2　「新国際経済秩序（NIEO）」とは，先進国と途上国が協力して金融と貿易における新たな国際ルールを定めようとした試みであったが，第1次石油危機の発生で経済的打撃を受けた先進国の拒否により，結果的には採択されなかった。
3　「国連貿易開発会議（UNCTAD）」は，途上国にたいする援助政策を先進国どうしで調整するための国際機関であり，途上国が加盟していないため「先進国クラブ」とも呼ばれている。
4　「後発開発途上国（LDC）」とは，途上国のなかでも経済発展が遅れている最貧国であり，現在アフリカを中心に約50か国がその指定を受けている。
5　「特恵関税」とは，途上国の1次産品だけを対象に先進国が設定する特別に低い関税であり，1次産品に依存する途上国の経済状況を安定させる効果をもつ。

【解答と解説】　1．「第4次10年」は，それまでの3回の「10年」と異なり，数値目標を重視していない。2．NIEOは，第1次石油危機後の資源特別総会において採択された。3．UNCTADは南北問題を協議する機関で，もちろん途上国も参加している。「先進国クラブ」と呼ばれるのは「経済開発協力機構（OECD）」である。4．正しい。5．特恵関税は1次産品だけでなく途上国の工業製品などにも適用される。　　**正答　4**

第5章　経済対立の時代

国際関係の歩き方⑤　壁の見学

ベルリンの壁　ないものを見に行けというのも変な話ですが、国際関係を勉強したからには、ベルリンの「壁の跡」だけは見てほしいものです。壁はほとんど取り壊されてしまいましたが、「壁の跡」は残っているからです（壁自体も記念にまだ一部残されています）。ベルリンでもっとも有名な観光スポットであるブランデンブルグ門の周囲にも、この「壁の跡」はあります。この門を貫く大通りは、昔は壁のために通行不可能だったのです。なお、この近くでは、お土産用に壁の断片を売る人が出没します。しかし、なにしろ基本的にはただのコンクリートの塊ですから、かなり多くの偽物が含まれているといわれています。

ウォール街　国際金融の中心地であるニューヨークのウォール街も、ネイティブアメリカンの侵入を防ぐための「壁の跡」です。国際経済は、いまや国境の壁などものともしなくなりました。したがって、その中心地の1つが「壁の跡」にあるのは、偶然とはいえ大変象徴的です。なお、このウォール街にある連邦準備銀行（アメリカの中央銀行）では、保管している「金」を見せてくれます。

万里の長城　世界最大の「壁」といえば、やはり中国の万里の長城でしょう。これは、民族移動（＝他民族の侵入）を防ごうとして作られた国境の「壁」です。つまり、不法入国者を防止するために作られた現代の鉄条網の国境フェンスと、基本的には同じ性格のものなのです。この長城には北京からバスで2時間ほどで行けます。同じ高さの壁がドーンとそびえ立っていると思って行ったのですが、実際の長城は山々の尾根に沿ってかなり上下にくねくねとしたものでした。長城の上に登って歩くこともできますが、階段の上り下りが多く、けっこう体力を消耗します。

はじめて学ぶ 国際関係

第6章

民族紛争の時代
……宗教は人を寛容にするのか？

民族紛争の特質

民族紛争の増加　米ソの冷戦が終結しても,世界から紛争はなくなりませんでした。たしかに,社会主義勢力と自由主義勢力が争うような「冷戦的紛争」は少なくなりました。しかし反対に,**「民族紛争」**はむしろ目立ってきています。民族のちがいを前提に,民族を単位として戦われる紛争です。

民族はそれぞれ異なる文化をもっていますから,民族紛争はどうしても**「文化紛争」**の側面をもちます。事実,宗教がもたらす文化的対立は,民族紛争のもっとも大きな要因となっています。民族紛争の解決がむずかしいのは,それが人間の基本的生活様式である「文化」と結びついているからなのです。経済紛争なら「金で解決」できますが,文化紛争となると相手の存在すべてを否定しなければなりません。民族紛争がどうしても悲惨な結果を招くのは,こうした理由があるからです。

文明の衝突　民族紛争をもっと大きな視点からとらえようとする研究者もいます。たとえば,アメリカの国際政治学者S.ハンチントンは,冷戦後の国際紛争を**「文明の衝突」**という観点から説明しました。

ハンチントンによると,近代国家が誕生してから現在まで,戦争の形態は大きく4つの変化を遂げてきました。時代順に**「王の戦争」「人民の戦争」「イデオロギーの戦争」**そして**「文明の戦争」**です。この最後の「文明の戦争」の時代は,冷戦の終結とともにはじまったとされています。つまり米ソ冷戦時代の終わりは,同時に「イデオロギーの戦争」の時代の終わりでもあったというのです。

たしかにそうかもしれません。F.フクヤマが『歴史の終わり』で書いたように,政治的なイデオロギーをめぐる闘

争が，自由主義と民主主義の組合せの勝利に終わったと考えてみましょう。もしそうだとすれば，国内政治だけでなく国際政治でも，もう自分たちの政治理念をかけて戦争する必要はなくなったはずです。もしこの時代にも政治的な対立があるとしたら，そのほとんどは政治制度や経済体制の選択をめぐるものではなく，文化やライフスタイルのあり方をめぐるものにちがいありません。事実，最近のアメリカの国内政治では，経済政策とともに「家族」のあり方などが選挙の争点となっています。国際政治で「民族」や「文明」の対立が見られるのも，同じように人びとが文化的なアイデンティティをもとに政治的選択をしているからです。

図表6-1　近代の4つの戦争形態

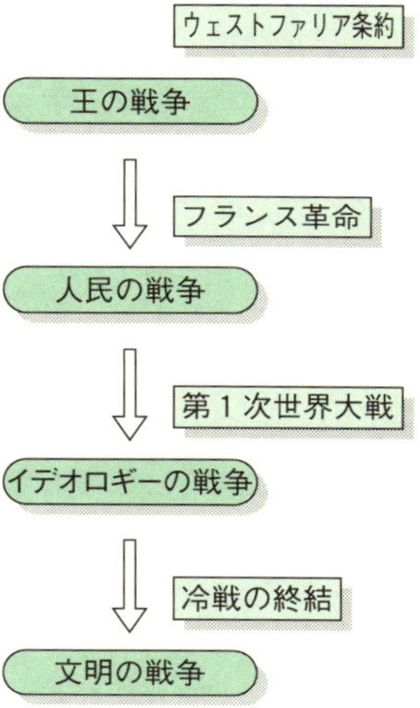

ウェストファリア条約
↓
王の戦争
↓
フランス革命
↓
人民の戦争
↓
第1次世界大戦
↓
イデオロギーの戦争
↓
冷戦の終結
↓
文明の戦争

ところで，ハンチントンのいう**文明**とは，「民族文化」よりも大きな「文化的まとまり」です。具体的には，**西洋文明，スラブ・正教文明，儒教文明，日本文明，イスラム文明，ヒンズー文明，ラテンアメリカ文明，アフリカ文明**の8つがあるとされています。なぜか日本は，中国などの儒教文明とは異なる要素が強いとして，独自の文明として位置づけられています。

いずれにしても，ハンチントンのいいたいことは，冷戦後の大きな国際紛争が，これらの「文明」の対立を軸として起きるだろうということです。そして，これまで主として西ヨーロッパで戦われてきた**「国家どうしの戦争」**は，

世界各地にまたがる**「文明どうしの衝突」**へと変化していくというのです。

ハンチントンは、こうした「文明の戦争」の兆候が、すでにボスニアの民族紛争などに表れているといいます。この紛争がなかなか解決されなかった理由を、西洋文明（クロアチア人）、スラブ・正教文明（セルビア人）、イスラム文明（ムスリム人）の3文明が衝突していたからだと考えているのです。また、日米の貿易摩擦などにも「文明の衝突」が見られるといいます。議論としてはやや大ざっぱですが、それでもハンチントンの理論は、これからの世界を見るうえで大いに参考となります。

民族紛争の普遍性　ところで、民族や宗教のちがいが戦争の原因となるのは、いまにはじまったことではありません。その時代のもっとも大きな国際紛争は、イデオロギーなど別の要因で起きたかもしれませんが、民族紛争自体はいつの時代にも存在してきました。現代が民族紛争の時代に見えるのは、ずっと昔から続いてきた民族や文明をめぐる争いが、ほかの対立が少なくなったために、はっきりと前面に出てきたためなのです。

事実、冷戦時代にも多くの民族紛争がありました。たしかに米ソのイデオロギー対立は、この時代のもっとも大きな紛争要因でしたが、それとは別に世界各地で深刻な民族紛争が起きていたのです。とくに中東では、アラブ人とユダヤ人の民族対立が、4回にわたる本格的な戦争へと発展しました。また、南アジアでも、インドとパキスタンが、宗教対立を背景に3回の軍事衝突を経験しています。

それでは、民族紛争に注目しながら、世界をぐるりと回ってみることにしましょう。まずは、いまも多くの問題を抱えている中東情勢からです。

中東戦争

パレスチナ問題　ユダヤ人は，すでに紀元前から国土を失った離散民でした。多くの迫害を受けながらも各地で暮らしてきたこの民族の願いは，自分たちの国を聖地エルサレムのある**パレスチナ**の地に建国することでした。

第1次世界大戦のころ，このパレスチナ地域に世界各地からユダヤ人が移住しはじめました。当時の世界帝国であったイギリスが，「ユダヤ人の民族的郷土」を設立することを認めたためです（バルフォア宣言）。そして，第2次世界大戦後の1947年，ついにユダヤ人は国家をもつことになりました。国連が**「パレスチナ分割決議」**を採択して，アラブ人とユダヤ人がともに住むようになったパレスチナに，2つの国家をつくることを決めたためです。聖地エルサレムは，国際共同管理の下に置かれることとされました。

しかし，パレスチナでは，すでにアラブ人とユダヤ人の対立が起きていました。1つの土地に仲良く暮らせといわれても，そうはいかない状況になっていたのです。1948年にイスラエルが建国されると，民族対立は決定的になりました。パレスチナのアラブ人（＝パレスチナ人）やそれを支援するアラブ諸国と，ユダヤ人の国であるイスラエルとの民族紛争のはじまりです。両民族は戦争を繰り返し，約50年にわたってパレスチナの地は政治的混乱を経験することになります。一般に**「パレスチナ問題」**と呼ばれているのは，この民族紛争のことです。

第1次中東戦争　パレスチナをめぐる最初の戦争は，1948年の**イスラエルの建国**をきっかけとしてはじまりました。エジプトやシリアなど周辺のアラブ諸国が，イスラエルの建国を実力で阻止しようと，一斉に軍事行動をとったのです。しかし結果的に，アラブ側は勝利することができ

図表6-2　イスラエルと周辺諸国

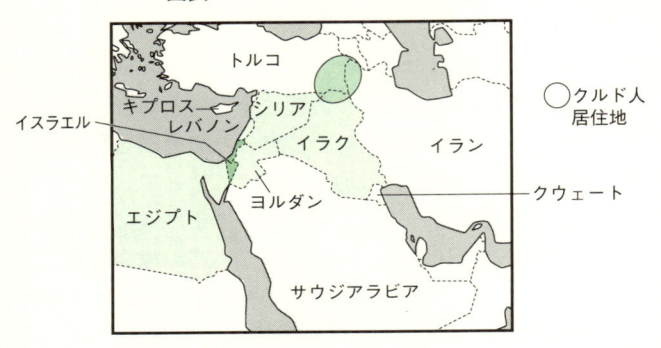

ませんでした。15万人以上の兵力をもってしても、兵力3万のイスラエルに勝てなかったのです。一般には、アラブ側に相互不信があり、有効な戦いができなかったためだといわれています。もちろん、ユダヤ人のイスラエル建国にかける意気込みが勝利をもたらしたのだ、と考える人もいます。

いずれにしても、関係各国は1949年、国連の勧告を受け入れて戦闘を停止しました。その結果、イスラエルは国家としての地位を確立し、国連のパレスチナ分割案よりもはるかに大きな領土を獲得しました。一方、パレスチナのアラブ人国家の建設は不可能となりました。残りの領土をなぜか周辺国が併合してしまったからです。この結果、約70万人のパレスチナ人は離散民となって、周辺のアラブ各国へ移り住んでいかざるをえなくなりました。

第2次中東戦争　　1950年代の中頃、アラブの大国である**エジプト**は、イスラエルやこれを支持する欧米諸国に対抗するため、「**アラブ民族主義**」を唱えるようになっていました。エジプトは、アラブ民族の諸国家の統合とパレスチナの解放(つまりユダヤ人の国であるイスラエルの滅亡)の旗手となろうとしていたのです。もちろんイスラエルは、

エジプトのアラブ民族主義に脅威を感じていました。この思想がほかのアラブ諸国にも広がれば，遅かれ早かれ一斉にイスラエルを攻めてくることが予想されたからです。

　1956年，エジプトの**ナセル大統領**は，植民地主義の象徴であるとして，イギリスとフランスが所有していた**スエズ運河**を国有化すると宣言しました。この動きにアラブ民族主義が強まるとみたイスラエルは，先手を打ってエジプトに軍事侵攻します。第2次中東戦争の勃発です。イスラエルはまもなくスエズ運河の東側のシナイ半島の制圧に成功しました。**イギリスとフランス**も軍隊を派遣して，スエズ運河地帯を占領しました。戦争は軍事的には成功し，戦闘は7日間で終結しましたが，3国には政治的な試練が待っていました。

　こんなに早く戦闘が停止した背景には，「米ソの冷戦構造」がありました。エジプトを支援するソ連が，この事件への介入を示唆したのです。ソ連は，当初，アメリカとともに国連の安保理に停戦決議を求めました。しかし，これはイギリスとフランスの拒否権で実現しませんでした。そこで今度は積極的に介入する姿勢を示したのです。新たなソ連の動きをみて，アメリカはアラブ諸国がソ連側につくのではないかという心配をいだきました。アイゼンハワー大統領は停戦を働きかけ，同時に中東諸国にたいする積極的な経済・軍事援助策を発表しました。こうした米ソの政治的圧力のために，イスラエル・イギリス・フランスの3国は，せっかく支配したスエズ運河やシナイ半島から撤退せざるをえませんでした。昔は世界的な大帝国であったイギリスとフランスは，覇権がアメリカとソ連に移ったことをしみじみと実感したにちがいありません。

　こうして，エジプトは結果的にスエズ運河の国有化に成功しました。そして，本当はエジプトが負けたにもかかわ

図表6-3　中東戦争

1948～49　第1次中東戦争

イスラエル　VS　エジプト, シリア, イラク, トランスヨルダン, レバノン

- イスラエルの独立をきっかけに勃発。
- イスラエルは国土の防衛に成功。

⬇

1956　第2次中東戦争

イスラエル, フランス, イギリス　VS　エジプト

- エジプトのスエズ運河国有化宣言をきっかけに勃発。
- 米ソの働きかけで3国側が撤退。
- エジプトはスエズ運河の所有に成功。

⬇

1967　第3次中東戦争

イスラエル　VS　エジプト, ヨルダン, シリア

- 周辺諸国の包囲網打破をねらってイスラエルが奇襲。
- たった6日間の戦闘で、イスラエルはヨルダン川西岸を占領。

⬇

1973　第4次中東戦争

イスラエル　VS　エジプト, シリア

- エジプトとシリアが占領地奪回をめざしてイスラエルを奇襲。
- イスラエルは打撃を受けながらも占領地を確保。
- 第1次石油危機が発生。

らず、この戦争は「**アラブ民族主義の勝利**」と讃えられ、中東におけるナセル大統領の威信は大いに高まりました。

第3次中東戦争　奇襲戦法はよく「卑怯」だといわれます。それはおそらく、攻撃された側が武器をかまえるまもなく、あっさりと負けてしまうからでしょう。つまり、作戦として効果的すぎるわけです。第3次中東戦争では、イスラエルがこの奇襲戦法によって周辺のアラブ諸国を打ち破り、圧倒的な勝利を収めました。

1967年、イスラエルは突如、エジプト、シリア、ヨルダンに攻撃をかけました。理由は、周辺諸国が軍事的包囲網を強化しようとしていたからです。イスラエルからすれば追いつめられての奇襲だったわけですが、アラブ側は突然の攻撃にほとんど抵抗らしい抵抗ができませんでした。その結果、イスラエルは**シナイ半島**（エジプト）、**ゴラン高原**（シリア）、**ヨルダン川西岸**（ヨルダン）など、周辺諸国の領土を次々と支配下に収めていきました。反対に、アラブ民族主義の提唱者であるエジプトのナセルは、この戦争で権威を失墜させることになりました。

第4次中東戦争　1973年、今度はエジプトとシリアがイスラエルを奇襲しました。奇襲なのですからとりあえずはうまくいきましたが、イスラエル軍には底力がありました。何しろアメリカが軍事援助をしていたのです。イスラエルの反撃によって、戦争は一進一退の状況になりました。そして約2週間後、3国は国連安保理の決議を受け入れ、停戦したのです。

この戦争は、国際関係に重大な影響を及ぼしました。先進各国に「**第1次石油危機（オイル・ショック）**」をもたらしたのです。アラブ諸国は、一丸となって原油価格を大幅に引き上げ、さらにイスラエルを支援したアメリカとオランダに石油の禁輸措置をとりました。石油という「人

質」をとって，先進各国にアラブ寄りの外交方針をとらせようとしたわけです。この作戦はみごとに成功しました。わが国やヨーロッパ諸国の多くは，少なくともイスラエルにたいする支援を手控えたのです。

中東和平に向けて

中東戦争の終息　イスラエルとその周辺のアラブ諸国は，こうして1948年からの25年間に，大きな戦争を4回も戦ってきました。しかし幸いなことに，1973年の第4次中東戦争からこれまでの約25年には，とりあえず大きな戦争は起きていません。

中東で戦争がなくなったのは，もちろん民族的な対立がなくなったためではありません。本格的な戦争はしていないかもしれませんが，小競り合いやにらみ合いは続いています。ただ，関係国はしだいに戦争よりも「現実的な打開策」を採用するようになってきたのです。民族問題の場合，「現実的な打開策」とは，どんなに相手のことが嫌いでも相手の存在を認めあうことです。つまり，急に仲良くはできないとしても，とりあえず殺しあわないことを約束しあうのです。

エジプト・イスラエル平和条約　中東戦争が収まったばかりの1970年代中期において，アラブ人の国がユダヤ人の国であるイスラエルの存在を認めることは，大変な決断でした。何しろそれは，アラブ世界では「裏切り行為」だったからです。それでも，勇気をもってイスラエルの承認に踏み切った指導者がいました。ナセルの後を継いだエジプトの**サダト大統領**です。

エジプトとイスラエルとの話し合いがはじまると，イスラエルを支援するアメリカから，カーター大統領が仲介に乗りだしてきました。そして1978年，ついにアメリカのキ

ャンプ・ディビッドでエジプト・イスラエルの首脳会談が開催され，平和条約締結についての合意が成立したのです（**キャンプ・ディビッド合意**）。中東和平にとっては画期的な出来事でした。

79年の平和条約の成立とともに，第3次中東戦争以来イスラエルが支配してきたシナイ半島は，エジプトに返還されました。しかし，「裏切り者」となったエジプトは，アラブ諸国の国際機構である「アラブ連盟」から，資格停止処分を受けてしまいました。また，サダト大統領も，後にイスラム原理主義者によって暗殺されてしまいます。その意味でエジプトは，自らの身を危険にさらしてまでも，中東和平を追求したのです。

PLO・イスラエル相互承認　「パレスチナ解放機構（PLO）」は，イスラエルに支配されたパレスチナ出身の人々を代表する政治組織です。1964年に発足し，74年からは国連にもオブザーバーとして出席しています。正式には国家ではありませんが，国連が予定していたパレスチナ人の国家が存在しないので，それに代わる組織として国際的にも受け入れられています。

1993年，PLOはイスラエルの存続権を認め，イスラエルはPLOの代表権を認めるという両国の**「相互承認」**が実現しました。同じ土地をめぐって争いあう者どうしが，ついに相互の存在を容認したのです。PLOの憲法にあたる**「パレスチナ民族憲章」**には「イスラエル抹殺条項」がありましたが，これも削除されました。パレスチナ問題は，ようやく最終的な解決の時代に入ったことになります。

このとき同時に**「パレスチナ暫定自治の原則」**も合意されました。そして94年から，実際にイスラエル占領下のガザとエリコで，パレスチナ人による自治がはじまったのです。パレスチナ人に自治が認められた地域はその後も拡大

図表6-4　中東和平に向けて

●は第3次中東戦争以降，イスラエルが占領。ただしシナイ半島は1979年にエジプトに返還。ヨルダン川西岸とガザ地区ではパレスチナ自治が実現。

され，また96年にはパレスチナ暫定自治政府も正式に発足しました。

しかし，パレスチナ人に国土を与えるこうした行為については，イスラエル国内にまだ反発があります。そのため，暫定自治後パレスチナがいつ国家として独立できるかについては，まだはっきりとした見通しが立っていません。武力衝突もまだみられるのです。

中東和平のためのロードマップ　2003年，アメリカ，ロシア，EU，国連は，共同で**「中東和平のためのロードマップ」**を提案しました。課題を3段階に分けて解決しながら，パレスチナ国家の樹立をめざそうというプランです。第1段階は報復合戦の停止が課題です。パレスチナ側が暴力を止め，イスラエルは軍隊を引き上げて，入植地の建設を凍結します。第2段階では，パレスチナ国家の暫定的な国境線を引き，憲法を制定します。そして第3段階で，

国境線を確定し，イスラエルとパレスチナが地位協定（独立協定）を締結するのです。パレスチナ政府もイスラエル政府も，このロードマップを受諾しましたが，完成までにはまだまだ時間がかかりそうです。

レバノン　　イスラエルの北にある**レバノン**は，キリスト教徒とイスラム教徒が人口のほぼ半数ずつを占める中東では珍しい多宗教国家です。1970年代，PLOはこのレバノンの南部にイスラエル攻撃用のゲリラ拠点を構築しました。当然イスラエルからの報復がはじまり，レバノンはパレスチナ問題の舞台の1つになりました。さらに同じ頃，国内の**キリスト教徒とイスラム教徒の対立**も激化したため，レバノンは複雑な内戦状態に陥ってしまいました。

1980年代になると，イスラエルはレバノン南部に軍事侵攻を行ないました。そして，PLOのゲリラ拠点を一掃するとともに，国境に沿って一方的に「安全保障地帯」を設定しました。しかし，この事実上のイスラエルの支配にたいしては，アラブ人のゲリラ組織「**ヒズボラ**」が抵抗を続けました。

現在，レバノンの内戦は終息していますが，この国境付近はまだ不安定です。

中近東の民族問題

ユダヤ人対アラブ人の民族紛争以外にも，中近東地域にはいくつかの民族対立があります。ここでは代表的な2つの民族問題を見ておきましょう（図表は132ページです）。

クルド人問題　　**クルド人**は，イラン人に近いインド・ヨーロピアン系の遊牧民族です。**イラク，トルコ，イラン**などの国境の山岳地帯に暮らしています。人口は約2000万人と推定されていますから，たしかに1つの国家をもってもおかしくない規模です。クルド人が「**国家をもたない世**

界最大の少数民族」などと呼ばれるのはこのためです。

キプロス紛争　　地中海東部の島国である**キプロス**では，**ギリシャ系住民**と**トルコ系住民**が南北に分かれて対立しています。この島の人口の約5分の4はギリシャ系住民です。1974年，ギリシャ系のキプロス政府はギリシャとの国家統合を提唱しました。トルコは，あわててトルコ系住民の保護を掲げて軍隊を派遣し，北部地域を占領しました。こうして，キプロスは南北に分断されたのです。

2005年，キプロスではEUへの加盟にあたって，統合に関する国民投票が実施されました。しかし，ギリシャ系地域で反対多数となり，キプロスは分断したままギリシャ系国家だけがEUに加盟しました。

アジアの民族問題

視点をアジアに移しましょう。アジアにも多くの民族対立が見られます。なかでも南アジアは，もっとも深刻な民族対立を抱えています。

インド・パキスタン紛争　　植民地からの独立に際し，英領インドの指導者は宗教に基づいて国を2つに分けることにしました。もちろんガンディーのように，英領インドのすべての人々で宗教や言語の境を越えた1つの国家をつくろうと主張した人もありました。しかし，それは宗教というものの性質を考えれば，やはり現実的とはいえなかったのです。

こうして，1947年，英領インドは，現在の**インド**と**パキスタン**に分離され，それぞれ独立国となりました。新たに誕生したインド国民は，8割以上が**ヒンズー教徒**でした。一方，パキスタン国民のほとんどは**イスラム教徒**です。分離独立が決まった後，両国から1000万人単位で住民が移動し，こうした人口構成になったのです。移動の際，多くの

図表6-5　インド・パキスタン紛争とスリランカの民族問題

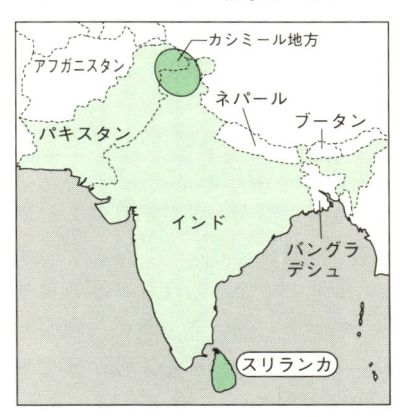

| パキスタン
＝
大半は
イスラム教徒 | vs | インド
＝
大半は
ヒンズー教徒 | | シンハラ人
＝
仏教徒 | vs | タミル人
＝
ヒンズー教徒 |

人が殺されたといいます。両宗教の信徒のあいだには，早くも対立ムードがただよっていました。

インドとパキスタンの最初の本格的な戦争は，この分離独立の直後に発生しました。「火種」となったのは，**カシミール地方の帰属の問題**です。この地方は，大半の住民がイスラム教徒でした。ところが，藩主（マハラジャ）がヒンズー教徒だったため，パキスタンではなくインドに属することになったのです。当然，住民の暴動が発生します。その鎮圧にインド軍が派遣されると，パキスタンも住民を支援するために軍隊を派遣し，本格的な武力衝突となりました（**第1次印パ戦争**）。この戦争は，49年に国連の調停で停戦となりましたが，それはあくまでも暫定的なものでした。両国は，さらに65年と71年にも軍事衝突を引き起こしたのです（**第2次・第3次印パ戦争**）。やはりカシミール地方の帰属は，そのときも問題となりました。

カシミール分割　紛争がはじまって25年後の1972年，インドとパキスタンはカシミール地方を分割することで妥協することとなりました。たしかに，1つのものをめぐって争っているとき，半分ずつに分けるというのは，単純ですが有効な解決策です。両国はこうしてカシミール問題を解決し，和平協定に調印したのです。

しかし，紛争の根本要因が宗教対立である以上，なかなか紛争の「火種」は消えませんでした。その後も，インド領内のカシミール地方では，しばしば宗教に基づく住民対立が発生したのです。とはいえ，幸い，政府間では，2003年11月にカシミール地方における休戦が確認されました。2005年には両地域を横断する印パ連絡バスも開通しました。関係改善は着々と進んでいます。

インドとパキスタンは，包括的核実験禁止条約（CTBT）への調印を拒否し，1998年には核実験を行なって核兵器保有国になっています。核戦争の危険がある地域だけに両国の関係改善はよいニュースといえるでしょう。

スリランカの民族問題　**スリランカ**はインドの南にある島国です。人口の約4分の3は**仏教徒のシンハラ人**ですが，北部には**ヒンズー教徒のタミル人**も暮らしています。シンハラ人が中心となって国家を運営しているため，ヒンズー教徒のタミル人は分離独立を求めていました。両民族のあいだの民族紛争は，シンハラ人の政府軍にタミル人側のゲリラ組織が挑戦するという図式でしたが，2009年に政府軍がゲリラ組織を完全に制圧し，現在では紛争は終息しています。

東ティモール問題　今度は東南アジアを見てみましょう。まず注目すべきは**東ティモール**です。ここでも，分離独立をめざす民族紛争が発生してきました。

そもそも東ティモールは，1976年にポルトガルの植民地

支配が終了したとき、独立国家となるはずでした。しかし、西ティモールを有する隣国のインドネシアが、軍事的に東ティモールを併合してしまったのです。これにたいして、東ティモールの独立をめざす住民が本格的な独立運動をはじめました。インドネシア政府軍とのあいだで武力衝突事件も起きました。

　幸い国連の仲介の結果、関係者が和平に合意し、1999年に独立を問う住民投票が行なわれました。投票では独立派が勝利し、東ティモールは独立国となることが決定したのです。そして、2001年8月には制憲議会選挙が、2002年4月には大統領選挙が実施され、2002年5月、ついに独立を達成しました（国名は東ティモール民主共和国）。

　チベット問題　　中国は多民族国家です。国の周辺部を中心に、50以上の小数民族が暮らしています。中国の北西部にはイスラム教徒で青い目をもつ中国人がいますし、一方南西部では、ラマ教徒（チベット仏教徒）が独自の生活様式を維持しています。このうちチベットのラマ教徒は、1959年に中国共産党の宗教禁止政策に反発して「**チベット動乱**」を起こして以来、ずっと独立を求める政治的運動を続けています。

ユーゴの民族問題

　それでは、アジアからヨーロッパに飛びましょう。この章のはじめに、冷戦が終わってから民族紛争が多発するようになったと述べました。じつはこの指摘がもっともよくあてはまるのは、地域としてはヨーロッパなのです。より正確にいえば、冷戦後の民族紛争の多発地帯は、1991年に解体を遂げた旧ソ連と旧ユーゴスラビアなのです。

　旧ユーゴの解体　　旧ユーゴスラビアは6つの共和国から構成されていました。91年から92年にかけて、これらの

うち，**スロベニア，クロアチア，ボスニア・ヘルツェゴビナ**（以下「ボスニア」），**マケドニア**の４共和国が独立を宣言しました。残りの**セルビアとモンテネグロ**は，「**新ユーゴスラビア連邦**」を名乗りました。現在は２国に分かれ，セルビアとモンテネグロになっています。

　この旧ユーゴの崩壊過程で，スロベニアとクロアチアでは，独立派の住民とセルビア人主体のユーゴ連邦軍との衝突がありました。そしてクロアチアでは内戦が発生します。クロアチア独立に反対するセルビア系住民が，クライナ地方などを占拠して，独自の政府をつくろうとしたためです。セルビア人が多い新ユーゴもこれを軍事的に支援したために，本格的な民族紛争に発展しました。国連は平和維持軍を派遣しましたが，紛争を解決することはできませんでした。結局，クロアチア政府軍が95年に実力でクライナ地方などを制圧して，ようやくこの内戦は終結しました。

　ボスニア紛争　　クロアチアに続いて，ボスニアでも内戦が勃発しました。この国には，**ムスリム人**（イスラム教徒），**セルビア人**（正教系），**クロアチア人**（カトリック系）

図表6-6　旧ユーゴスラビアの分裂

図表6-7　連邦国家となったボスニア

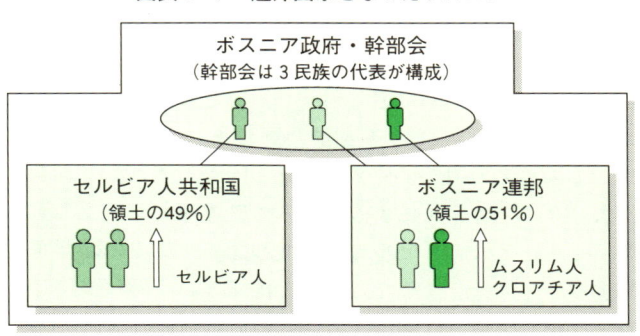

ボスニア政府・幹部会
（幹部会は3民族の代表が構成）

セルビア人共和国（領土の49%）　セルビア人

ボスニア連邦（領土の51%）　ムスリム人　クロアチア人

という，宗教の異なる3つの民族が暮らしています。人口比は，ムスリム人が約43%，セルビア人が約32%，クロアチア人が約17%です。ボスニアの独立が決定すると，各民族とも周辺国などからの支援を受けて，ボスニア内部で3つどもえの地域争奪戦をはじめてしまいました。

新ユーゴの支援を受けたセルビア人勢力は，国連の方針にも反する強硬な態度で，一時ボスニアの約7割を支配しました。国連は新ユーゴに**経済制裁**を加え，さらにボスニアのPKOには**限定的な武力行使権**を認めます。しかし，セルビア人勢力の積極的な攻撃はやむことがありませんでした。内戦はムスリム人とクロアチア人が組んで，セルビア人に立ち向かうという図式に変わりました。こうしたなかで，セルビア人勢力はPKO部隊まで攻撃してしまいます。このため欧米諸国は，ついに**NATO軍によるセルビア人勢力への空爆**を実施したのです。

この内戦では「民族浄化（エスニック・クレンジング）」の名の下に異民族の虐殺や追放などがずいぶん起こりました。その多くも，セルビア人の手によるものと考えられています。国連は，こうした行為を裁くために**「旧ユーゴ戦争犯罪国際法廷」**を設置しました。

第6章　民族紛争の時代

ボスニア和平　さて1995年，ようやくボスニアの内戦は停戦のときを迎えました。欧米諸国の軍事的・政治的圧力が，ようやく功を奏したのです。ボスニアの3民族の代表はアメリカで和平協定（デイトン協定）に調印し，ボスニアを連邦国家とすることに合意しました。これによって，ボスニアの内部には2つの共和国が設置され，ムスリム人とクロアチア人による**「ボスニア連邦」**が領土の51%を，セルビア人の**「セルビア人共和国」**が領土の49%を支配することになりました。1つの国家という形は維持していますが，事実上は領土を分割したのです。

コソボ独立　一方，「旧ユーゴ」解体のときには「新ユーゴ」を名乗ったセルビアでは，最近まで民族対立が続きました。2008年のコソボの独立宣言で，2006年に分離独立したモンテネグロと合わせ，3つの国になって落ち着くことがようやくはっきりしたのです。

モンテネグロの分離独立は円満に行われましたが，イスラム教徒のアルバニア人が多く住むコソボでは，旧ユーゴ解体の時期から独立をめぐって武力闘争が続きました。1999年には，セルビアがコソボに人道に反する攻撃を加えているということで，NATOがセルビアを空爆する事態にもなりました。幸い，2013年にセルビアとコソボの関係は正常化し，旧ユーゴの民族紛争は一段落しました。

旧ソ連の民族問題

旧ソ連は，そもそも多民族国家でした。1991年にソ連は15の共和国に分裂しましたが，その後，内部に少数民族地域をもついくつかの共和国では，民族紛争が発生しました。ソ連から各共和国が独立できたのだから，共和国から自分たちが独立するのも当然だ，という論理です。代表的な民族紛争は，つぎの4つです。

図表6-8 旧ソ連の民族問題

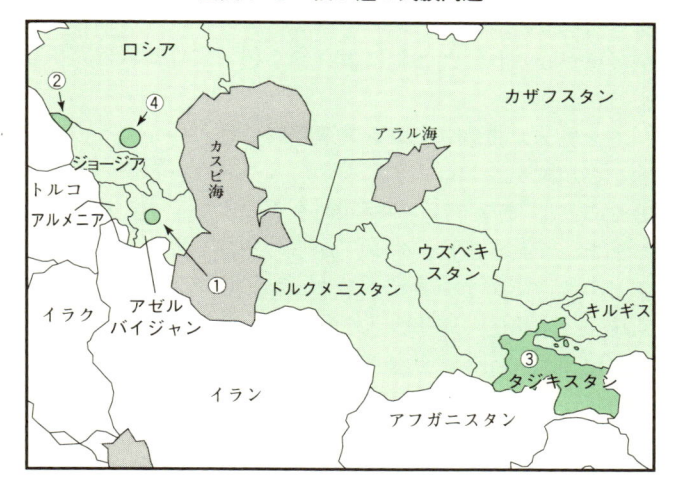

①ナゴルノ・カラバフ ②アブハジア ③タジキスタン ④チェチェン

ナゴルノ・カラバフ紛争　「**ナゴルノ・カラバフ自治州**」は，イスラム教徒が多い**アゼルバイジャン共和国**にある州です。ところが，ここはキリスト教徒である**アルメニア系住民**が多数を占めています。1988年，アルメニア系住民がアルメニア共和国への編入を求めて蜂起したことで内戦が勃発し，それはやがてアゼルバイジャン共和国とアルメニア共和国との全面戦争にまで発展しました。現在は94年からの停戦が維持されています。

アブハジア紛争　**ジョージア共和国**には，イスラム教徒の多い「**アブハジア自治共和国**」があります。1992年，正教徒が多いジョージアからの独立を宣言して，ジョージア政府軍とのあいだで武力衝突を起こしました。国連はいまもこの地域にPKOを派遣して，監視にあたっています。

タジキスタン紛争　**タジキスタン共和国**では，ロシア寄りの政府軍とイスラム教徒主体の反政府軍の内戦が，

1992年に勃発しました。その後、94年にいったん停戦が実現した後も、しばしば紛争が起きました。97年に最終の和平合意がなされ、2000年にようやく和平プロセスは完了しました。

チェチェン紛争　ロシア連邦内には、いくつもの共和国などが置かれています。なかにはイスラム教徒の多いものもあり、「**チェチェン共和国**」もその1つです。1994年、チェチェン共和国は、ロシアからの独立を掲げて、ロシア軍との武力衝突を引き起こしました。ロシアのエリツィン大統領は本格的に軍事介入を指示し、激しい戦闘が行なわれた結果、1996年に武装勢力は制圧されました。その後、1999年から2000年にかけて、再び両者の武力衝突が起きました。このときも、ロシア政府軍が力で武装勢力を抑え込むことに成功しています。

西ヨーロッパの民族問題

先進国であるからといって、民族問題に無縁というわけにはいきません。西ヨーロッパ諸国にもちゃんと（？）民族紛争があります。

北アイルランド問題　もっともよく知られているのは、イギリスの北アイルランド問題でしょう。1922年、**カトリック教徒**の多いアイルランドは、イギリスから分離し独立を果たしました。ただし、住民の多数がイギリス国教会に属していた**北アイルランド地方**だけは、イギリスに残りました。ところが、ここにはカトリック教徒も多く住んでいます（人口の約40％）。1970年以降、かれらの一部は、アイルランドへの帰属を求めて、テロ活動などを行なうようになりました。幸い1998年には関係国と当事者間で和平が合意されました。

バスク問題　スペインとフランスの国境地方に広がる

バスク地方には，まったく独自の言語と文化をもつ**バスク人**が住んでいます。とくにその5分の4が暮らすスペインでは，バスク独立をめざす民族主義運動が盛んです。北アイルランドと同じく，ここにもテロ活動を行なうグループがありましたが，2010年に武装闘争の放棄を宣言しました。

アフリカの民族紛争

中東，アジア，ヨーロッパと民族紛争を見てきましたが，世界にはまだまだ民族対立がたくさんあります。最後にアフリカ大陸を代表する民族紛争をみておきましょう。

　スーダン内戦　エジプトの南に位置するスーダンでは，特に西部のダルフール地方で，アラブ系住民と黒人住民との民族紛争が長く続いています。

2003年にはアラブ系住民による黒人住民の大量殺戮事件が発生しました。犠牲者は数万人に及んだといわれています。

2007年以降，国連はダルフール地区でAU（アフリカ連合）とともにPKOを実施しました。そのかいあって戦闘は減少し，2013年には停戦協定も成立しました。

一方，スーダン南部における内戦は，2011年の「南スーダン共和国」の誕生をもたらしました。

民族対立を超えて

こうして世界の民族紛争を見てくると，民族の共存などまったく不可能であるように思えてきます。しかし世界には，たくさんの「多民族国家」があります。同じ土地で複数の民族が仲良く暮らすことなどできっこない，と断言するのはまだ早いのです。

たとえば，**スイス**はどうでしょう。ドイツ系，フランス系，イタリア系などの人々が**「スイス人」**としての自覚を

もって1つの国をつくっています。スイス人はしょせん同じキリスト教徒ではないか，というのならば，**マレーシア**はどうでしょう。ここでは現在，イスラム教徒のマレー人と中国人やインド人とが，協力しあって暮らしています。うまくいっている理由は，中国人が宗教よりも経済を優先させて行動しているためのようです。

　そういえば，**アメリカ**も多民族社会です。アメリカのように民族や人種のちがいを乗り越える強い理念があれば，多民族国家の形成は可能なのです。実際には，宗教を上回る政治的理念を見いだすことは，そう簡単ではないでしょう。しかし，何かそういうグローバルな理念でも見つけないと，民族紛争はなかなかなくなりそうもありません。

第6章 練習問題

[問] 各地の民族紛争に関するつぎの記述のうち，正しいものはどれか。

1 1993年，シリアとイスラエルは和平条約に調印したが，この際イスラエルは第4次中東戦争以降占領してきたゴラン高原をシリアに返還した。

2 スペインとフランスの国境地帯に暮らすクルド人は，独立国家の樹立を求めて政治運動を行なっており，ゲリラ事件なども引き起こしている。

3 民族紛争は国境を越えて拡大することがあるが，たとえばスリランカの民族紛争は，インドとパキスタンの宗教対立の構図をそのまま反映している。

4 チェチェン紛争は，ロシア連邦にあるチェチェン共和国が独立を求めてロシア政府軍と武力衝突を起こしたもので，国連の仲介により，共和国内のロシア人の保護を条件として，チェチェン共和国の独立が達成された。

5 ボスニア紛争は1995年に停戦し，ボスニアはムスリム人とクロアチア人の「ボスニア連邦」と，セルビア人の「セルビア人共和国」の2つからなる連邦国家として存続することとなった。

【解答と解説】 1．イスラエルとシリアはまだ和平条約を締結していない。93年は，PLOとイスラエルとの相互承認が実現した年である。また，ゴラン高原は「第3次」中東戦争によってイスラエルの支配下に置かれたものである。 2．クルド人ではなく，バスク人が正しい。 3．インドとパキスタンの宗教対立はヒンズー教とイスラム教の対立であるが，スリランカの宗教対立はヒンズー教と仏教の対立である。 4．チェチェン共和国の独立は認められず，ロシア連邦軍によって紛争は武力で鎮圧された。 5．正しい。　　**正答　5**

国際関係の歩き方⑥　TVの見学

イタリアの朝のニュース　世界各地で多くのニュース番組を見てきましたが、日本ほどニュース番組が楽しいショーとなっている国はほかにはないと思います。ニュースを説明するのに人形を使ったり、男女1組のキャスターが事件について仲良く語り合ったり、夜桜まで見せてくれたり、とにかくこんな感じの「ニュース・ショー」はほかの国にはないのです。あの陽気なイタリアでも、ニュースは淡々と読まれていました。朝なんか、アナウンサーが姿を見せない15分のニュース番組を何回も繰り返し放送しているだけなのです。最後に星占いが付いているのが、あの気まじめなBBCニュースとのちがいでしょうか。

シンガポール　多民族国家でテレビを見るのは楽しいものです。それぞれの民族が、どういう意識で暮らしているかがわかるからです。シンガポールには、人口の大半を占める中国人のほか、マレー人とインド人が暮らしています。そこで、同じニュースが時間を変えて、中国語、マレー語、タミル語、そして共通語である英語で、4回放送されているのです。基本的に内容はすべて同じなのですが、天気予報にはちがいがありました。英語と中国語のニュースでは、シンガポールから東南アジアを経て日本までの天気予報を流しています。ところが、タミル語のニュースでは、途中から西に曲がってインドの天気を詳しく予報しています。そしてなんとマレー語のニュースでは、東南アジアからインドを飛び越えて一気にサウジアラビアなど中東地域の天気予報を流すのです。マレー人にはイスラム教徒が多いので、メッカの天気が気になるのでしょう。これはなかなか興味深い発見でした。

(なお、この話は私が旅行したときのものです。いまは変わっているかもしれません。念のため。)

はじめて学ぶ 国際関係

第7章

国際関係の歴史①
（米ソの冷戦）
……軍縮を進めたものは何？

冷戦とは何か

　第2次世界大戦という「破壊の時代」が終わりを告げると、その後には新しい国際秩序の構築をめざす「創造の時代」がやってきました。新たに生みだされたのは、国際連合によって平和を維持しようという「理想的秩序」と、米ソの冷戦構造に基づく「現実的秩序」の2つです。国際連合で話し合って世界のあり方が決められれば、それがもっとも理想的であるのでしょう。しかし、約50年の戦後の国際社会のあり方は、実際にはアメリカとソ連の力関係を反映することが多かったのです。

　戦後世界で米ソの2国が力をもった理由は、両国がともに戦後の軍事大国であったからだけではありません。アメリカとソ連が、それぞれ**「資本主義（自由主義）」**と**「共産主義（社会主義）」**というまったく異なる政治・経済体制を代表していたからでもあるのです。基本的なものの考え方がちがうと相互不信が生じやすく、なかなか友好的にはなれないのかもしれません。米ソはともに自分たちの政治的信念（イデオロギー）を共有する国と同盟を結び、相手側からの攻撃に備えるようになりました。

　こうして、米ソがお互いに相手のことを「仮想敵国」とみなして、軍事力を整える競争がはじまったのです。実際に戦争が起きたわけではないのですが、いつも戦争を念頭において武器をかまえている状態にあったので、この時代の米ソ対立は**「冷戦（Cold War）」**と呼ばれています。ただし、冷戦が終わったいまにして思えば、米ソは実際の戦争をしなかったわけですから、冷や冷やしながらも辛うじて平和を維持した「Cold Peace」の時代だったといえるかもしれません。

米ソ冷戦の歴史を概観しよう

　第2次世界大戦が終わった1945年から，米ソの首脳によって公式に冷戦の終結が宣言された1989年までを一般に**「冷戦時代」**といいます。ここでは，まずこの44年間を大きく3つに分けて，おおまかに歴史の流れを見ておきましょう。

　3つに分けるというと，前期・中期・後期と分けて，中期が冷戦の一番のピークとなるような感じがしますが，そうではありません。むしろ冷戦には3つの波があったと考えたほうが適切です。この3つの波はそれぞれ安定した状況からはじまり，軍事的に緊張する場面を経て，次の安定状況へと進んでいったのです。ここでは，この3つの波を第1期，第2期，第3期と呼ぶことにします。

　冷戦確立期　　第1期は1945～55年までの**「冷戦確立期」**です。この時期は，アメリカとソ連がヨーロッパを中心にそれぞれの「なわばり（勢力圏）」を設定した時期です。戦争のために疲弊したヨーロッパ諸国は，この時期，しだいに米ソどちらかの陣営に組み込まれていきました。その過程で，世界が緊張する場面がおとずれます。米ソの軍事衝突が懸念された48年の**「ベルリン危機」**です。しかし，この危機は克服され，ドイツには西ドイツと東ドイツが誕生しました。また，ヨーロッパには西ヨーロッパと東ヨーロッパが，世界には西側諸国と東側諸国ができて，国際社会は一応の安定をみました。

　デタント期　　第2期は**「デタント期」**です。1955年から70年代半ばまでの約20年間と考えてください。「**デタント**」とは，フランス語で**「緊張緩和」**のことです。この時期，アメリカとソ連は核軍縮をはじめるなどして，敵対関係を少しずつ緩めていきました。もちろん，両国関係が急

図表7-1 米ソ冷戦の3つの波

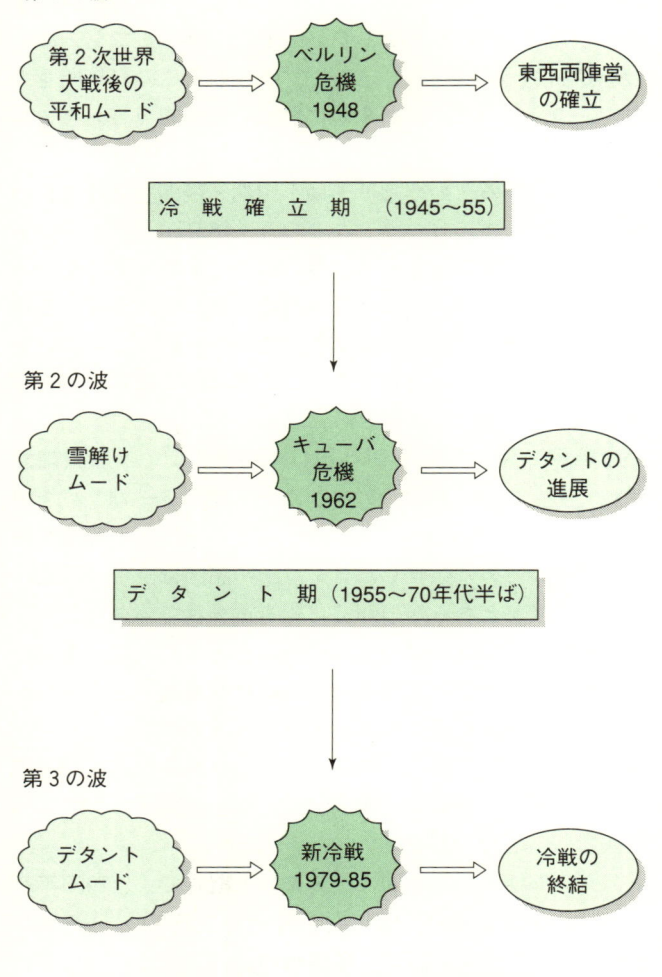

第1の波

第2次世界大戦後の平和ムード ⇒ ベルリン危機 1948 ⇒ 東西両陣営の確立

冷戦確立期（1945〜55）

第2の波

雪解けムード ⇒ キューバ危機 1962 ⇒ デタントの進展

デタント期（1955〜70年代半ば）

第3の波

デタントムード ⇒ 新冷戦 1979-85 ⇒ 冷戦の終結

冷戦終結期（1970年代半ば〜89）

に友好的になったわけではありません。この時期には,米ソの核戦争がもっとも危ぶまれた事件もありました。62年の**「キューバ危機」**です。核軍縮などのデタントが徐々に進みはじめるのは,この危機のあとです。第8章で取り上げる国際社会の多極化も,米ソのデタントを後押ししました。こうしてデタント体制は,1970年代の前半には比較的うまく機能するようになりました。

冷戦終結期　第3期は「冷戦終結期」です。1970年代の後半から冷戦の終結が宣言された89年,またはソ連邦が崩壊した91年までの時期です。この時期には,ベルリン危機やキューバ危機のような一触即発の世界大戦の危機はありませんでした。しかし,79年のソ連のアフガニスタン侵攻をきっかけとして,**「新冷戦」**と呼ばれる米ソの敵対意識の高まりがありました。その後,85年にソ連でゴルバチョフ政権が誕生すると,今度は**「新デタント」**の時代が到来しました。そして,89年からは東欧諸国とソ連で**「民主化」**と呼ばれた体制変革運動が次々と発生し,その結果,ソ連を中心とした共産主義陣営は崩壊してしまいました。冷戦は終わりを告げたのです。

鉄のカーテン

それでは,第1期の冷戦確立期から,もう少し詳しく見ていきましょう。

ともに連合国側に立ってドイツと戦ったアメリカとソ連は,戦争が終わるとすぐ,ヨーロッパを中心にそれぞれの勢力圏を確定させようとしました。両国の考え方はおそらくつぎのようなものであったと思われます。

まずソ連は,各国の政治が混乱しているこのチャンスに,共産主義の国を増やそうとしていました。何しろ共産主義を信奉する国などほとんどなかった時代ですから,ソ連は

この機会に国際的孤立の恐怖から抜けだそうとしていたにちがいありません。こうしてソ連は, この時期, ナチスから解放された東欧諸国を事実上の支配下に置いただけでなく, 西ヨーロッパ各国の共産主義運動も積極的に支援しました。

しかし, こうしたソ連の行動は, アメリカには新しい「全体主義の脅威」と受けとめられました。周囲の国を政治的に支配しながら膨張しようとする点では, ナチスドイツと同じではないかと考えたようです。こうして, アメリカは共産主義の拡大をなんとかくいとめようと, 積極的な外交政策を開始しました。

トルーマン・ドクトリン　　1947年, アメリカのトルーマン大統領は, 共産主義と戦っている自由主義国を支援するという方針を内外に示しました。この内容は後に「**トルーマン・ドクトリン（トルーマンの教義）**」と呼ばれ, 戦後のアメリカ外交の指針となります。さっそく, この方針に沿って, ギリシャとトルコに経済・軍事援助が与えられました。黒海と地中海をつなぐ戦略的な重要拠点にある両国は, アメリカからすれば「共産主義の脅威」にもっともさらされている国だったからです。結果的に, ギリシャもトルコも自由主義国としてアメリカ陣営に属することになりました。

マーシャル・プラン　　つぎにアメリカが行なったことは, 西ヨーロッパ諸国の経済復興を目的とした大規模な経済援助でした。共産主義の浸透を阻止するには, 経済的な豊かさの回復が重要であると考えたわけです。1947年に発表された経済援助計画は, 当時アメリカの国務長官だったマーシャルの名をとって**「マーシャル・プラン」**と呼ばれました。また, 援助の実施機関として**「欧州経済協力機構（OEEC, 現在のOECD）」**が設立されました。

封じ込め政策　こうしたトルーマン政権の一連の対ソ政策は，けっしてソ連を積極的に攻撃しようとするものではありませんでした。むしろ，地域の拡大をねらうソ連を一定の枠内に封じ込めようとしたものでした。このことから，トルーマン政権の対ソ政策は，一般に「**封じ込め政策**」と呼ばれています。

コミンフォルム　それでは，ソ連はこうしたアメリカの動きにどのように対処したのでしょうか。まず，トルーマン・ドクトリンに対抗するかたちで1947年にソ連が行なったことは，ソ連共産党とヨーロッパ各国の共産党や労働者党とのネットワークを強化することでした。そのためにつくられたのが「**共産党・労働者党情報局**」，略して**コミンフォルム**です。ソ連は，このコミンフォルムをつうじて，各国の政治に影響力を及ぼそうとしました。ですから，ソ連の指示に従わず，ソ連とは異なる独自の社会主義を模索したユーゴスラビアは，コミンフォルムから除名されてしまったのです。

コメコン　またソ連は，経済面でも東欧諸国との協力を進めました。マーシャル・プランに対抗してつくられた計画は，ソ連外相の名をとって「**モロトフ・プラン**」と呼ばれています。この計画は，2年後の1949年に，「**経済相互援助会議**」，略して「**コメコン（COMECON）**」として制度化されました。

こうして1947年には，ヨーロッパはアメリカ側とソ連側に引き裂かれていきました。前年の46年にイギリスのチャーチル元首相が指摘したとおり，ヨーロッパの中央には「鉄のカーテン」が引かれたのです。

ベルリン危機（1948～49）

冷戦が確立する過程でおとずれた危機は，占領下のベル

リンをめぐるものでした。冷戦第1期における最大の緊張の場面です。

敗戦国となったドイツは、4つの地域に分けられ、それぞれを**アメリカ、イギリス、フランス、ソ連**の4か国が占領することになりました。ただし、首都であった**ベルリン**だけは、ソ連の占領地域にあったにもかかわらず、例外的に上記の4か国が分担して管理することになりました。

1948年6月、アメリカ、イギリス、フランスの3国は、占領下のドイツを西側陣営に属する国家として独立させようと画策しました。こうして3国の占領地域で、同一通貨を利用するという**通貨改革**がはじめられたのです。ソ連は、もちろんドイツを自己の勢力下に置きたかったことから、これに反発しました。そして占領していた東ドイツ地域にまったく別の通貨を導入したのです。現在のEUについても同じことがいえますが、通貨を同じにすることは国家統合をうながします。ドイツをめぐる米ソの対立は、こうして最初は通貨をめぐって生じたのです。

さて、ここで問題となったのは、ソ連占領地域にありながら4か国で管理していたベルリンです。ソ連は、ベルリンからアメリカ、イギリス、フランスを追いだそうとします。その結果、3国が管理していたベルリンの西部地区、つまり西ベルリンは、西ドイツ地域との交通を遮断され、ソ連占領地域内に孤立させられてしまったのです。

もしここで、西ベルリンを救おうと3国が軍隊をソ連地域に進めたなら、「米ソ戦争」が起きていたかもしれません。また、ソ連が軍事力でもって西ベルリンを支配しようとしていたら、それも「米ソ戦争」を招いたことでしょう。いわば「兵糧攻め」をしかけてきたソ連にたいし、アメリカなど西ヨーロッパ諸国は、孤立した西ベルリンへの生活物資の空輸で対抗しました。米ソは、軍事衝突を周到に回

避しながら、この状態を10か月以上も続けました。

西ベルリンの封鎖は49年5月に解かれました。そして、とりあえず米ソ戦争の危機は去り、ドイツには東西2つの新国家が誕生しました。**ドイツ連邦共和国（西ドイツ）と**ドイツ民主共和国（東ドイツ）です。こうして、ドイツについては、米ソの陣取り合戦は一応の決着をみることとなりました。

東西軍事ブロックの形成

ヨーロッパにおける米ソの勢力範囲がほぼ確定すると、米ソ冷戦構造は「制度化の時代」に入ります。東西軍事ブロックの形成です。

北大西洋条約機構　1949年、アメリカはカナダや西ヨーロッパ諸国と「**北大西洋条約機構（NATO）**」という軍事同盟を発足させました。もちろんソ連の軍事的脅威に対抗するための同盟です。この同盟を維持するために、アメリカは西ヨーロッパ各地に軍隊を駐留させることにしました。このアメリカ側の動きに、ソ連は軍事同盟をつくることではなく、原爆を開発し、核保有国になることで対抗します。事実、同じ49年にソ連は核実験に成功し、アメリカが核兵器を独占した時代は早くも終わりを告げました。

巻き返し政策　1953年、アメリカでは**アイゼンハワー**が大統領に就任しました。アイゼンハワー政権は、トルーマン時代の「封じ込め政策」では不十分であるとして、**「巻き返し政策」**を採用しました。これは、対ソ強硬論者であったダレス国務長官の提唱したもので、ソ連の影響下にある東欧諸国の政治的解放をめざすものでした。またアイゼンハワー政権は、ソ連の武力攻撃にたいしては核兵器で徹底的に報復するという**「大量報復戦略」**を軍事戦略の基本に掲げました。

図表 7-2　ヨーロッパにおける東西両陣営の確立

自由主義陣営 米・西欧諸国		社会主義陣営 ソ連・東欧諸国
経済協力 マーシャル・プラン 欧州経済協力機構 （OEEC）	VS	経済協力 モロトフ・プラン 経済相互援助会議 （COMECON）
軍事同盟 北大西洋条約機構 （NATO）		軍事同盟 ワルシャワ条約機構 （WTO）

ワルシャワ条約機構　　アメリカのこうした対ソ強硬論を背景に，1955年，**西ドイツのNATO加盟と再軍備**が容認されました。これはヨーロッパにおける西側の軍事ブロックの完成を意味しました。こうした事態を受けて，ソ連もついに東欧諸国との軍事同盟を発足させました。これが**「ワルシャワ条約機構」**です。

こうして，第2次世界大戦が終結して10年が過ぎたとき，世界には米ソの冷戦体制が確立していました。米ソはともに核兵器をもって対峙し，ヨーロッパは東西2つの軍事ブロックに分断されていたのです。

雪解け時代 ── 冷戦第2期のはじまり

ジュネーブ精神　　冷戦体制が確立し，ヨーロッパがそれなりの落ち着きを見せるとともに，米ソは10年間なかった外交関係を復活させました。その象徴的出来事が，1955

年の**「ジュネーブ巨頭会談」**です。これは，戦後はじめて，アメリカ，ソ連，イギリス，フランスの4大国の政治指導者が集まった首脳会議でした。

この会議で，米ソはともに核戦争を望んでいないことを表明しました。これを契機に，両国間にはしだいに**「ジュネーブ精神」**と呼ばれた対話ムードが広まっていきます。冷戦の構図が確立したことで，「敵対的共生」とでも呼ぶべき一種の安定状況に達したといってよいでしょう。

こうして冷戦は第2期へと進みます。そのはじまりにあたる1950年代後半は，確立した冷戦体制のなかで米ソの緊張が和らいだため，一般に**「雪解け時代」**と呼ばれています。

平和共存　「雪解け」のきっかけはソ連にありました。それは，1953年にソ連の専制的なリーダーであった**スターリン**が没したことです。この後，ソ連ではしだいにアメリカとの**「平和共存」**を望む声が強まっていきました。事実，55年に東西陣営の勢力範囲がほぼ確定すると，ソ連は西側の国々との対決姿勢を徐々に弱めていきました。アメリカ陣営に属するわが国が，ソ連との国交を回復したのも，ちょうどこの時期のことです（56年）。

ハンガリー動乱　しかし，ソ連は一方で，自陣営の団結を維持するためには，強硬な態度をとりました。たとえば1956年，ハンガリーで市民が反ソ運動に立ち上がったとき，ソ連はハンガリーに軍事介入し，市民の政治運動を軍事力で押さえ込みました。

ちなみに，このときアメリカは積極的な対ソ行動を起こしませんでした。確立した冷戦構造を無難に維持しようとするかのように，ソ連陣営内での出来事には干渉しなかったのです。

U2撃墜事件　「雪解け」といっても，まだもちろん

冷戦の最中なのですから、米ソの対話ムードに水を差す出来事もありました。1957年にソ連がアメリカより先に人工衛星を打ち上げたこともその１つです。この出来事は「**スプートニク・ショック**」と呼ばれています。アメリカにとって、ソ連の宇宙技術は脅威でした。宇宙にロケットを飛ばせるということは、アメリカを直接攻撃できる核ミサイルもつくれることを意味したからです。

また、60年にはアメリカの偵察機がソ連に撃墜されるという事件もありました。「**Ｕ２撃墜事件**」です。この事件について米ソは互いに非難しあい、その年に予定されていたパリでの４国首脳会談は中止されてしまいました。

キューバ危機 ── 1962年

こうしたなか、アメリカでは新しい大統領として**ケネディ**が登場してきます。老練なソ連の指導者フルシチョフは、Ｕ２偵察機のパイロットを釈放して友好的態度を示した後、ソ連の力を見せつけておく必要を感じたかのように、若いケネディに西ベルリン問題の解決を迫ります。

ベルリンの壁　　1961年のベルリンは、東ドイツの人々が西ドイツへ脱出する窓口となっていました。自由主義経済の下で成長を続ける西ドイツと統制経済下の東ドイツとでは、すでに明らかな生活格差が生じていたのです。この年の８月、人口流出にたまりかねた東ドイツ政府は、突然、東西ベルリンを隔てる壁を建設しました。西ベルリンは壁で囲まれ、米ソは再びベルリンをめぐって緊張関係に入りました。しかしケネディ大統領は、西ベルリン防衛のためにドイツ駐留アメリカ軍を増強させたものの、それ以上積極的には行動しませんでした。とりあえず「現状の容認」というかたちで解決が図られたのです。

キューバ危機　　1962年、今度はキューバで大問題が発

生します。59年の革命以降，反米的な立場をとってきたキューバがソ連と接近し，ソ連のミサイル基地の建設を容認したのです。

図表7-3　キューバ危機

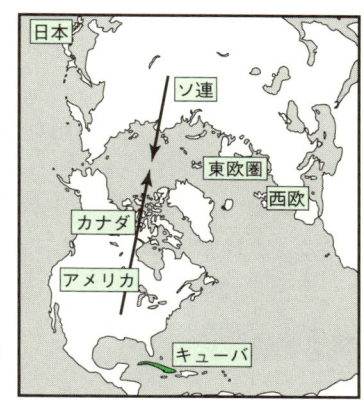

キューバは，フロリダ半島の先端から約150キロメートルのところにあります。こんなに近くにソ連の核ミサイル基地があったのでは，アメリカはたまったものではありません。そもそも，アメリカとソ連は北極をはさんで対峙しているのです。両国の核ミサイルは，その大半が「正面」である北に向けられていました。ですから，アメリカにとって，すぐ南のキューバから攻撃されることは，ちょうど背後からグサリとやられるような感じになるわけです。

この事態にケネディ政権は困惑します。キューバのミサイル基地を爆撃することは，ソ連との核戦争の引き金を引くようなものです。それはあまりにも危険すぎます。悩んだすえにケネディ大統領が下した決断は**「海上封鎖」**でした。キューバを軍艦で包囲して，ミサイルを運んでくるソ連船を近づけさせないという作戦です。これならば，相手に攻撃をしかけないで，しかも断固とした姿勢を貫くことができます。

もちろんソ連がこの包囲網を突破しようとすれば，米ソの全面的核戦争が開始される危険性がありました。そこでアメリカ軍は，カリブ海はもちろん，ヨーロッパでも警戒体制に入ります。一方ソ連も，ワルシャワ条約機構の各加

盟国に戦闘準備を要請します。両国の軍事的緊張は戦争の瀬戸際にまで達していたのです。

ソ連のフルシチョフがミサイル運搬船に帰還命令を出したのは、ちょうどケネディの海上封鎖宣言から1週間後のことでした。アメリカの封鎖を破ることによって核戦争の開始者となることをソ連も恐れたのです。ミサイルを撤去するソ連側の条件は、アメリカがキューバに二度と侵攻しないことだけでした。こうして米ソの核戦争は、間一髪のところで回避されました。

核軍縮のはじまり

キューバ危機の後、米ソ関係は一気に好転します。まず、いざというとき米ソ首脳がすぐ話し合えるようにと、**専用の電話回線（ホットライン）**が敷設されました。また、それまで核兵器の開発に力を注いできた両国は、この時期から核軍縮の条約作りにも積極的になりました。

部分的核実験禁止条約　キューバ危機の翌年の1963年、最初の核軍縮関連の国際条約である**「部分的核実験禁止条約（PTBT）」**が、米英ソの3国によって締結されました。この条約は、大気圏内、宇宙空間、および水中における核実験を禁止するものです。実験が可能な場所を地下に限定することで、核兵器の開発を少しでも抑制しようと結ばれたものでした。なお、この条約は、後にわが国を含む100以上の国によっても批准されています。

核不拡散条約　1968年、核兵器が世界中に広まらないようにすることを目的とした**「核不拡散条約（NPT）」**が調印されました（発効は70年）。この条約は、核兵器をもつ国には、その生産技術を他国に譲り渡さないことを、また核兵器をもたない国には、その開発に着手しないことを求めています。現在、ほとんどすべての国連加盟国が、

この条約を批准しています。

60年代の核戦略　こうして核軍縮は最初の一歩を踏みだしました。しかし米ソ両国は，その後も核兵器を中心とした安全保障政策を放棄しませんでした。ただしこの時期，核兵器はもはや攻撃のための兵器としてではなく，敵に攻撃を思いとどまらせる**「抑止力」**として利用されるようになっていました。

事実，ケネディ政権は，当初から米ソの核戦争の可能性は低いとみていました。そこで，局地的な戦争に備え，核兵器だけではなく通常兵器も充実させる**「柔軟対応戦略」**が導入されたのです。

60年代も半ばを過ぎる頃には，米ソの核戦略についての基本的な考え方は，**「相互確証破壊（MAD）」**へと発展していました。これは，米ソどちらが核攻撃をはじめても，確実に相手から核の報復攻撃を受けるようにしようという考え方です。つまり，核戦争になると米ソ両国とも破壊されてしまうような「恐怖の均衡」が維持できれば，核戦争の可能性は低くなるというのです。

実際，60年代後半，米ソ関係は大きな対立もないまま順調に推移しました。本当は両国ともそれどころではなかったのです。この時期，アメリカはジョンソン政権の下，ベトナム戦争を戦っていました。一方のソ連も，中ソ対立やチェコの自由化運動などへの対応に追われていました。おそらく両国とも，自国のメンツを維持するだけで精一杯だったのではないでしょうか（ベトナム戦争や中ソ対立については第8章を参照してください）。

デタント時代の到来

1970年代前半は，60年代にはじまったデタント（緊張緩和）の動きが新しい国際政治のシステムとなっていった時

代です。

1969年に誕生した**ニクソン政権**は，ソ連との軍縮を必要としていました。アメリカは，ベトナム戦争で膨大な出費を強いられたため，財政状況が悪化していました。ソ連との軍拡競争に多くの資金をつぎ込むわけにはいかなかったのです。

図表7-4　キッシンジャー外交

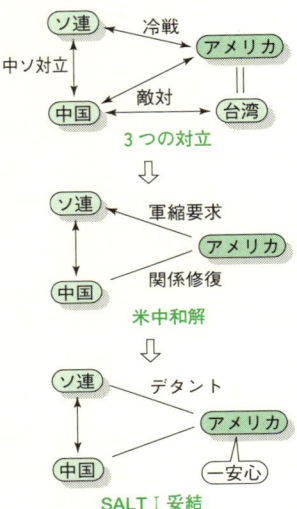

（ソ連－冷戦－アメリカ／中ソ対立／中国－敵対－台湾＝アメリカ）　**3つの対立**

⇩

（ソ連－軍縮要求－アメリカ／中国－関係修復）　**米中和解**

⇩

（ソ連－デタント－アメリカ／中国／一安心）　SALT I 妥結

キッシンジャー外交　ニクソン政権で外交を担当した**キッシンジャー**は，現実主義の立場をとる著名な国際政治学者でした。かれは，ソ連との関係改善のために，中ソ対立を利用することを思いつきます。アメリカが中国と友好関係を築けば，ソ連もアメリカとの和平を求めるようになるだろうというわけです。

米中和解　1971年，キッシンジャーはひそかに中国を訪問しました。戦後ずっと対立してきた中国に和解を打診するためです。国際社会への復帰を求めていた中国は，これに応じます。こうして，1972年2月のニクソン大統領の中国訪問と**「米中和解」**が実現したのです。

第1次戦略兵器制限交渉の妥結　実験の制限からはじまった核軍縮は，70年代には米ソの保有する核ミサイル(戦略兵器)の数を制限するところまで進んでいました。米ソ戦争で中心となる核兵器の数に上限を設けることで，軍備拡張競争に歯止めをかけようというのが，そのねらいでした。

中国訪問から3か月後の1972年5月，ニクソン大統領は

今度はモスクワに降り立ちます。70年から行なわれていた**「第1次戦略兵器制限交渉（SALTⅠ）」**がまとまり，その協定書に調印しにきたのです。現実主義に支えられたキッシンジャー外交は，みごとに米ソの軍縮を一歩進めることに成功しました。

なお，このとき同時に**「ABM制限条約」**も成立しました。「ABM（弾道弾迎撃ミサイル）」とは，飛来する核ミサイルを迎撃するミサイルです。これを制限したのは，守りの武器を少なくすることで，自ら先制攻撃をしかけないようにするためでした。

米中の和解と米ソの軍縮が成立すると，世界中にデタント・ムードが広がりました。たとえば70年代前半には，東西ドイツが相互に国家として承認しあい，国連への加盟を果たしました。韓国と北朝鮮も「平和統一に関する共同声明」を発表しました。またヨーロッパでは，1975年，東西対立を超えて，35の国が**「欧州安保協力会議（CSCE）」**に集いました。アジアではアメリカ側の軍事ブロックであった「東南アジア条約機構（SEATO）」が，正式に解散を決定しました。

デタントのかげり ── 冷戦は第3期へ

新しいデタント体制は，そのまま一気に冷戦を終結させるには至りませんでした。1970年代も半ばを過ぎる頃には，早くもデタントにかげりが見えはじめます。資源ナショナリズムの時代を迎えて，米ソとも開発途上国を味方につけることに熱意を入れざるをえなかったのでしょう。自由主義か共産主義かという政治イデオロギー的闘争が，再び世界各地で見られるようになりました。人権擁護や民主主義を政治理念とするアメリカの国内では，人権抑圧を繰り返すソ連への譲歩に批判的な人が増えていました。

人権外交　　1977年に就任した**カーター大統領**は「**人権外交**」を唱えました。低下してきた国際社会での威信と影響力の回復をめざして、アメリカは人権擁護というイデオロギーを掲げたのです。しかし、この理想主義的な政策は、かならずしも実を結びませんでした。まず、カーター政権は、人権を侵害している国にたいしては、援助を打ち切るなどの強硬な態度をとりました。しかしこれは、独裁国であってもアメリカ側に立っていた国々の離反を招く結果となります。一方でソ連は、この期にその政治的影響力を強めようとしていました。世界各地の社会主義運動を支援して、アメリカ寄りの政府の転覆などを図ったのです。人権外交を掲げるアメリカには、軍事力を使って運動を弾圧する勇気はないとみたためでした。事実、カーター政権は、**ソ連のアフガニスタン侵攻**などにも断固たる態度で対処できませんでした。こうして人権外交は、その「弱腰外交」ぶりを批判されることになったのです。

　第2次戦略兵器制限条約の不成立　　ソ連は、1979年末、内戦の続くアフガニスタンに軍事侵攻して、親ソ政権を樹立しました。これでデタントの流れは完全に止まります。アメリカは早々に隣国パキスタンへの軍事援助を強化しました。ちょうどこのとき、米ソの核軍縮では、SALT Iをさらに発展させたSALT IIが、両国首脳による条約への署名を終え、議会での批准段階にありました。しかし、ソ連のアフガニスタン侵攻によって、アメリカ議会での批准は中止されました。結果的に、この条約は不成立に終わったのです。

新冷戦時代から新デタント時代へ

　1980年代前半は「**新冷戦**」の時代と呼ばれています。米ソ両国が再び軍拡政策をとり、緊張の度合いを高めていっ

図表 7-5　アメリカ各政権の外交政策

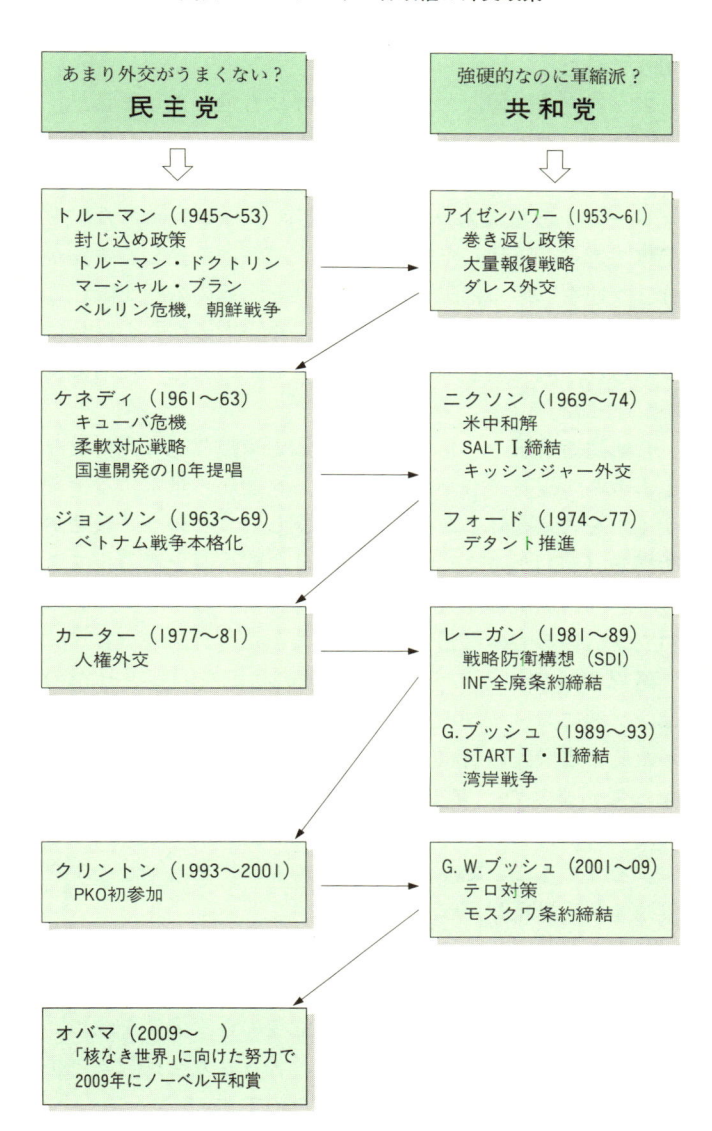

```
┌─────────────────────┐      ┌─────────────────────┐
│ あまり外交がうまくない？ │      │ 強硬的なのに軍縮派？  │
│      民 主 党       │      │      共 和 党       │
└─────────┬───────────┘      └─────────┬───────────┘
          ↓                            ↓
```

トルーマン（1945〜53）
　封じ込め政策
　トルーマン・ドクトリン
　マーシャル・プラン
　ベルリン危機, 朝鮮戦争

アイゼンハワー（1953〜61）
　巻き返し政策
　大量報復戦略
　ダレス外交

ケネディ（1961〜63）
　キューバ危機
　柔軟対応戦略
　国連開発の10年提唱

ジョンソン（1963〜69）
　ベトナム戦争本格化

ニクソン（1969〜74）
　米中和解
　SALT I 締結
　キッシンジャー外交

フォード（1974〜77）
　デタント推進

カーター（1977〜81）
　人権外交

レーガン（1981〜89）
　戦略防衛構想（SDI）
　INF全廃条約締結

G.ブッシュ（1989〜93）
　START I・II締結
　湾岸戦争

クリントン（1993〜2001）
　PKO初参加

G.W.ブッシュ（2001〜09）
　テロ対策
　モスクワ条約締結

オバマ（2009〜　）
　「核なき世界」に向けた努力で
　2009年にノーベル平和賞

第7章　国際関係の歴史①（米ソの冷戦）

たからです。事実NATOは、ソ連が中距離核ミサイルを撤去しないことを理由に、新しい核ミサイルの配備に踏み切りました。

米ソ対立の影響はスポーツの世界にも飛び火しました。東西ブロックの対立は、1980年のモスクワ五輪と84年のロサンゼルス五輪のボイコット合戦にまで発展したのです。

レーガン政権の対ソ政策　1981年、「強いアメリカ」を掲げて選挙に勝利した**レーガン**が大統領に就任します。かれはソ連を「悪の帝国」と呼び、共産主義の脅威を国民に向けて訴えました。多くの予算が、軍事力の増強のために投じられ、開発途上国における反共運動の支援のために使われました。

戦略防衛構想　レーガン大統領の軍拡路線は、新たな軍事戦略の提言をもたらしました。ソ連から飛来する核ミサイルを大気圏外にあるうちに撃墜しようという**「戦略防衛構想（SDI）」**です。この提案は、核兵器を無力化できるという利点がありましたが、結局は宇宙にまで軍事的な対立を広げるものとして批判されました。

新思考外交　こうした新冷戦の状況を一変させたのは、ソ連におけるゴルバチョフ政権の誕生でした。長年にわたる軍事優先の財政運営は、ソ連の経済に大きな負担となっていました。ゴルバチョフは**「ペレストロイカ（改革）」**をスローガンに、経済の自由化や情報公開を進めます。そうすることで、行き詰まりの原因であるソ連の中央集権体制を是正しようとしたのです。

国内を改革するためには、対外関係が安定していなければなりません。ゴルバチョフ政権は**「新思考外交」**を掲げました。それまでのイデオロギー偏重の外交姿勢を改め、人類共通の理想の実現をめざして、アメリカをはじめとする西側諸国とも協力することにしたのです。

新デタント　　ソ連の態度が変わったことで，アメリカではレーガン政権の対ソ脅威論が色あせていきました。米ソ両国は，再び対話と軍縮を模索しはじめます。79年を最後に開かれていなかった米ソ首脳会談が，6年ぶりにジュネーブで開催されました。また，中断していた核軍縮交渉も再開されました。**「新デタント」**と呼ばれる時代の到来です。この時期，ソ連軍はアフガニスタンから撤退していきました。

INF全廃条約　　米ソの核軍縮では，1987年，画期的な条約が成立しました。中距離の核ミサイル（**中距離核戦力＝INF**）を全廃するという条約です。米ソは歴史上はじめて核兵器の数を減らすことに合意したのです。

東側ブロックの消滅

　1980年代後半，ソ連は，内政の改革のために自由主義や民主主義の利点を取り入れようとしました。同時に，イデオロギーに基づく外交政策も放棄されました。こうしたソ連の政策の変化が，ソ連の強い影響下にあった東欧諸国に自由を求める気運をもたらしたのです。

東欧諸国の体制変革　　1989年，ポーランド，ハンガリー，東ドイツ，チェコスロバキア，ブルガリア，ルーマニアの東欧6か国は，次々と政治体制の変革を成し遂げていきました。共産主義を掲げた政党による事実上の一党支配は，各国の民衆の反政府運動によって終焉の時を迎えたのです。**複数政党制**が導入され，**民主主義**と**市場経済**を重視した新たな政治・経済体制の樹立が図られました。東欧の民衆は，西側諸国の人々が享受してきた政治的自由と経済的豊かさを求めていたのです。

東西ドイツの統一　　東ドイツの政権が交代すると，冷戦の象徴であった「ベルリンの壁」は壊されました。東西

両ドイツ市民は、両国を自由に往来できるようになったのです。多くの人が東から西へと移動していきました。その頃、関係各国は早くもドイツ統一の方法についての議論をはじめていました。なかでも、ソ連が統一ドイツのNATO残留を容認すると、統一の機運は一気に高まりました。そして1990年、東ドイツの諸州が連邦国家である西ドイツに加わるかたちで、ついにドイツ統一が実現したのです。

ソ連の解体　ドミノ倒しのように進んだ東欧諸国の体制変革は、とうとうソ連にも及んできました。ソ連は、もともと15の共和国による連邦国家です。それぞれの共和国の間には民族や宗教のちがいもありました。東欧の変革は、ソ連の各共和国に独立の機会を与えます。まず、スターリン時代に併合された**バルト3国**（リトアニア・エストニア・ラトビア）が独立を達成しました。次いで、そのほかの共和国も次々と独立を宣言し、ソ連を離れて**「独立国家共同体（CIS）」**を樹立することになりました。こうして、1991年12月、世界初の社会主義国家は、約70年の寿命を終えたのです。

冷戦後の軍縮

冷戦の終結　冷戦は終わりました。2つの軍事ブロックの戦いは、社会主義体制がうまくいかなかったという東側諸国の内政的要因によって、結果的には西側諸国の勝利となりました。1989年の米ソ首脳会談では**「冷戦の終結」**が公式に宣言され、91年にはソ連と東欧諸国の軍事同盟機構であったワルシャワ条約機構が解体されました。こうして世界は、「冷戦後」と呼ばれる新たな時代を迎えたのです。

とはいえ米ソは、まだこの頃、冷戦の遺産の処理に追われていました。ソ連の崩壊が近づくにつれ、ソ連各地に存在する核兵器の管理をどうするのかが、大きな問題となっ

図表7-6　核軍縮の歴史(年号は調印年)

核兵器の開発や核実験の制限
- 部分的核実験禁止条約(1963)
- 核拡散防止条約(1968)

↓

核兵器の数量制限
- 第1次戦略兵器制限条約(SALT I, 1972)
- ABM制限条約(1972)
- 第2次戦略兵器制限条約(SALT II, 1979, 不成立)

↓

核兵器の制限
- INF全廃条約(1987)
- 第1次戦略兵器削減条約(START I, 1991)
- 第2次戦略兵器削減条約(START II, 1993, 不成立)

たのです。核兵器の流出を防ぐためにも、核軍縮は米ソの緊急課題となりました。

戦略兵器削減条約　　まず、ソ連崩壊の直前の1991年夏、米ソは「**第1次戦略兵器削減条約（START I）**」に調印しました。この条約は、核兵器のなかでももっとも重要な大陸間弾道ミサイル（ICBM）などをはじめて削減するものでした。これによって7年後には、両国の核兵器がそれぞれ20～35％の範囲で少なくなることになりました。

ソ連崩壊後の1993年、米ロは核弾頭数を3分の1にする「**第2次戦略兵器削減条約（START II）**」を締結しました。しかしこの条約は批准作業が難航して成立せず、2002年、両国は改めて「**モスクワ条約**」を締結して、10年間で核弾頭数を3分の1にすることを約束しました。

通常兵器や化学兵器の軍縮　　冷戦終結によって軍縮が進んだのは核兵器だけではありません。ヨーロッパでは、

戦車や戦闘機などの「通常兵器」についても，軍縮が進められています。すでに1990年には，東西ヨーロッパ各国によって**「欧州通常戦力条約（CFE条約)」**が調印され，各国が保有する通常兵器の上限が定められました。

毒ガスなどの「化学兵器」は，生産が容易なわりに殺傷力が高いことから，「途上国の核兵器」とも呼ばれています。しかし幸いなことに，この危険な兵器についても，冷戦後に軍縮条約が締結されました。1993年に締結された**「化学兵器禁止条約」**です（発効は97年4月）。この条約には約170か国が署名していますが，北朝鮮やインド，パキスタンなどは参加していません。

信頼醸成措置　　冷戦後ヨーロッパでは，国家間の対立が軍事的な紛争に発展しないようにする制度が作られています。対立があると，疑心暗鬼や情報の混乱などで，うっかり軍事的衝突が起きるかもしれません。少なくとも，こうした偶発的な軍事紛争の発生は，きちんと情報を交換し，誤解を生みやすい行動を避けることで予防できます。こうした予防措置を**「信頼醸成措置（CBM)」**と呼びます。

ヨーロッパにおける信頼醸成措置についての話し合いは，主として**「欧州安保協力機構（OSCE)」**においてなされています。この機構は「欧州安保協力会議（CSCE)」を発展させたもので，現在すべてのヨーロッパ諸国が参加しています。

冷戦後の安全保障のキーワードは**「信頼」**です。人類が冷戦から学んだことは，じつは人間の社会生活にとってもっとも基礎的なことだったようです。

冷戦後のアメリカ外交

冷戦が終結し核軍縮が進んでも，世界のあらゆる地域が平和になったわけではありませんでした。各地でいくつも

の地域紛争や民族紛争が発生したのです。「唯一の超大国」となったアメリカには、当然こうした紛争を解決し、世界平和の維持にあたることが期待されました。しかし、頻発する紛争を前に、アメリカもまた、自らの力の限界を悟ることとなったようです。

PKOへの積極参加　たしかに、冷戦終結直後の**ブッシュ（父）大統領**は、アメリカの力の強大さを世界に誇示することができました。1991年に湾岸戦争があったためです。しかし、その後の**クリントン大統領**の時代になると、アメリカの紛争解決能力にかげりが見えはじめます。この時期、アメリカは国連の平和維持活動（PKO）をつうじて、積極的に民族紛争を解決しようとしました。しかし、ソマリヤや旧ユーゴにおけるアメリカの努力は、十分な成果を得ることができませんでした。

イラク戦争　21世紀に入って、アメリカは外交・安全保障政策を根本から考え直さなければならない事態に直面しました。2001年9月11日、いわゆる「**アメリカ同時多発テロ事件**」が発生したのです。テロリストにハイジャックされた4機の旅客機が、2機はニューヨークの世界貿易センタービルに、1機はワシントンのアメリカ国防総省に突っ込みました（1機はワシントン郊外に墜落しました）。このテロの犠牲者は約3000人となり、テロ事件としては史上最大の被害を記録したのです。イスラム原理主義の国際テロ組織「アルカイダ」が犯行を認めています。

この事件の後、**ブッシュ（子）大統領**は、アメリカを支持する国々とともに、アルカイダを支援していたアフガニスタンのタリバン政権にたいし「対テロ戦争」に踏み切ります。タリバン政権は2001年末には崩壊しました。

さらにブッシュ政権は、2003年、大量破壊兵器を保有するテロ国家であるとして、イラクのフセイン政権を攻撃し

ました。これが**「イラク戦争」**です。アメリカとこれを支援する国々からなる「有志連合」は，1か月もしないうちにフセイン政権を崩壊させました。

ブッシュ・ドクトリン　　テロ攻撃を受けたことを背景に，ブッシュ（子）大統領は，2002年，アメリカの安全保障政策の基本指針を変更しました。それまでの「抑止」や「封じ込め」のような受動的な態度では不十分であるとして，「単独行動・先制攻撃」をためらわないと宣言したのです。これは**「ブッシュ・ドクトリン」**と呼ばれています。

ミサイル防衛（MD）　　現在のアメリカの防衛構想は，核ミサイルが世界中どこから飛んできてもよいように，迎撃ミサイル網で自国を徹底して守ろうという**「ミサイル防衛（MD）」**構想です。そのために，2001年には先に述べた（p.169）ABM制限条約からも一方的に脱退を通告し，2002年6月には条約が失効しました。破壊されやすい状態を保てば核戦争は防げるという発想は，米ソ冷戦時代だから通用した話で，もはや「遺物」だというわけです。

核なき世界に向けた努力　　2009年に大統領がブッシュからオバマに変わると，アメリカは再び軍縮に取り組むようになりました。オバマ大統領は**「核なき世界」**の実現を掲げて国連安保理で決議を採択し，ノーベル平和賞を受賞しました。また，核物質の安全管理を話し合う**核セキュリティ・サミット**を呼びかけ，最初の開催国になりました。

ロシアとは2010年に**新START**を締結し，核弾頭をモスクワ条約よりもさらに減らすことに合意しました。「核なき世界」に向けた今後の努力に期待しましょう。

第7章 練習問題

[問] 米ソの冷戦に関するつぎの記述のうち、正しいものはどれか。

1　第2次世界大戦後の1947年、アメリカは西ヨーロッパ諸国の経済復興を掲げるトルーマン・ドクトリンを発表し、欧州経済協力機構（OEEC）をつうじて、膨大な資金援助を行なった。

2　1948年のベルリン危機は、西ドイツの再軍備をきっかけとして発生したが、西ドイツがNATOに加盟しないことを条件として、1年後にソ連と東ドイツはベルリン封鎖を解除した。

3　1955年に、西ドイツがNATOに加盟すると、ソ連は東欧諸国とワルシャワ条約を締結し、正式に軍事同盟を発足させた。

4　1962年のキューバ危機では、アメリカのケネディ大統領が徹底した対話戦略をとって問題を解決したが、これは軍事力を用いないはじめての紛争解決として世界から高く評価された。

5　1989年、ソ連経済の行き詰まりによってワルシャワ条約機構は解体し、東欧諸国はソ連の軍事的圧力から解放された。このことを背景に、東欧諸国は一斉に民主化を実現させた。

【解答と解説】　1．トルーマン・ドクトリンではなく、マーシャル・プランについての説明である。2．ベルリン危機は西ドイツ地域での通貨改革をきっかけとしている。また、西ドイツのNATO非加盟が封鎖解除の条件となったわけではない。3．正しい。4．ケネディ大統領は、海上封鎖という強硬策をとって、キューバ危機を打開した。5．ワルシャワ条約機構の解体は1991年のことで、東欧諸国の民主化の後である。

正答　3

国際関係の歩き方⑦　戦争関連施設の見学

ダッハウの殺人工房　戦争の跡を見学するというのはあまり気分のいいものではありませんが、一生に一度は行ってみるべきです。人間のさがを反省するよい機会となるにちがいありません。ドイツでのお勧めは、ミュンヘン近郊のダッハウにあるナチスの強制収容所の跡地です。ここには、毒ガスが出てくる「シャワー室」や、遺体を焼いた「パン工場」などが、いまも残されています。ユダヤ人虐殺の詳細について多くの資料が展示されていて、見る者の心を痛めます。ここを見学した後は、ミュンヘン名物のビールがかなり苦く感じられるかもしれません。もちろん飲みすぎると、心だけでなく胃も痛めます。

安保の丘　もちろんドイツだけでなく、わが国でも広島・長崎・沖縄などに、戦争の悲惨さを実感させてくれるよい資料館があります。また沖縄では、第2次世界大戦のつめ跡だけでなく、米ソ冷戦の負の遺産を見ることもできます。米軍基地です。とはいえ、基地の内部を見学することはむずかしいでしょうから、とりあえず嘉手納基地の横にある「安保の丘」に行って、離発着する米軍機の姿でも見ることにしましょう。なお、この基地はベトナム戦争でも重要な役割を果たしていました。

板門店　戦争の緊張感を「安全に」味わいたい人は、ソウルに行ったときに板門店ツアーに参加するとよいでしょう。朝鮮戦争の停戦ラインとなっている「北緯38度線」の上に会議場があって、内部を見学することができます。板門店に向かう途中、なかなか厳しい注意事項を聞かされたり、軍用車や銃をもった兵士の姿を見たりするので、多少は戦地に向かう緊張感を味わえるかもしれません。ただし緊張しすぎると、熱が「38度」に上がったりするので注意が必要です。

はじめて学ぶ 国際関係

第8章

国際関係の歴史②
(アジアの冷戦構造)
…東アジアの未来はバラ色?

冷戦構造の残る成長地域

　アジアは，世界のなかで現在もっとも経済成長がめざましい地域です。韓国・台湾・香港・シンガポールに続き，中国や東南アジア諸国も，急速にその経済を発展させてきています。

　しかし，アジアは一方で，冷戦的な対立の構図が残っている地域です。韓国と北朝鮮だけでなく，中国と台湾も，まだ冷戦的な対立状態を脱しきれてはいません。第2次世界大戦後のアジアには，社会主義か自由主義かというイデオロギー対立を反映する3つの「**1民族2国家**」状況が生まれました。朝鮮，中国，ベトナムです。そのうち再統一を果たしたのは，まだベトナムだけなのです。

　冷戦後のヨーロッパと異なり，現在のアジアには，中国やベトナムなど，共産党が政権を担っている国がまだあります。とはいえ，近年これらの国は，経済については共産主義的な「計画経済」を事実上放棄して，自由主義的な「市場経済」を導入しようとしています。つまり，政治活動の自由は制限しつつ，経済競争の自由は促進しているのです。中国は「**社会主義市場経済**」を，ベトナムは「**ドイ・モイ（刷新）**」を政策スローガンに掲げて，こうした体制の確立を図っています。

　第2章で取り上げた「覇権循環論」によれば，大国はとくに国家としての成長期には「挑戦的」になるようです。古い覇権国家に代わろうとしたり，周辺国家との関係を変えようとしたりして，国際紛争を起こすことも多くなります。人間でも同じですが，成長のエネルギーは周囲への攻撃性と結びつきやすいのです。

　アジアは，冷戦的な政治対立と成長のエネルギーという2つの不安定要素をもった地域です。たしかにアジアの未

来に明るさはあります。しかし、それは不安定さとともにあるのです。この章では、アジア情勢の歴史的背景を整理しながら、アジア地域の政治的安定について考えてみることにしましょう。

2つの中国と中台紛争

中華人民共和国の誕生　冷戦初期の1949年、アメリカは2つのショックを味わいました。1つはソ連の核兵器開発によって、アメリカの核の独占に終止符が打たれたことです。そしてもう1つは、共産主義を掲げる中華人民共和国の誕生でした。

第2次世界大戦後、中国は共産党と国民党の内戦状況にありました。両党の戦いは、共産主義と資本主義という冷戦的な対立図式を反映していたのですが、なぜかこの内戦には、アメリカもソ連も介入しようとはしませんでした。両国ともヨーロッパでの勢力争いに忙しかったためです。とにかく内戦は共産党の勝利に終わり、中国本土に「**中華人民共和国**」が成立します。国民党は台湾にのがれ、「**中華民国**」をかろうじて存続させました。こうして2つの中国が台湾海峡をはさんで敵対することとなったのです（以下、中華人民共和国を「中国」、中華民国を「台湾」と呼びます）。

中ソ友好　まもなく中国とソ連は、同じ社会主義国として連携し、「中ソ一枚岩」をスローガンに掲げて、アメリカに対抗する姿勢を示します。1950年には「**中ソ友好同盟相互援助条約**」も締結されました。しかし実際には、中ソの友好関係は、当初より信頼に満ちたものではありませんでした。中国には革命を自力で成し遂げた自信がありました。そのため、中国は表面的にはソ連に学ぶ姿勢を見せながらも、実際にはソ連の傘下に組み込まれることに反発

図表8-1　アジアの1民族2国家

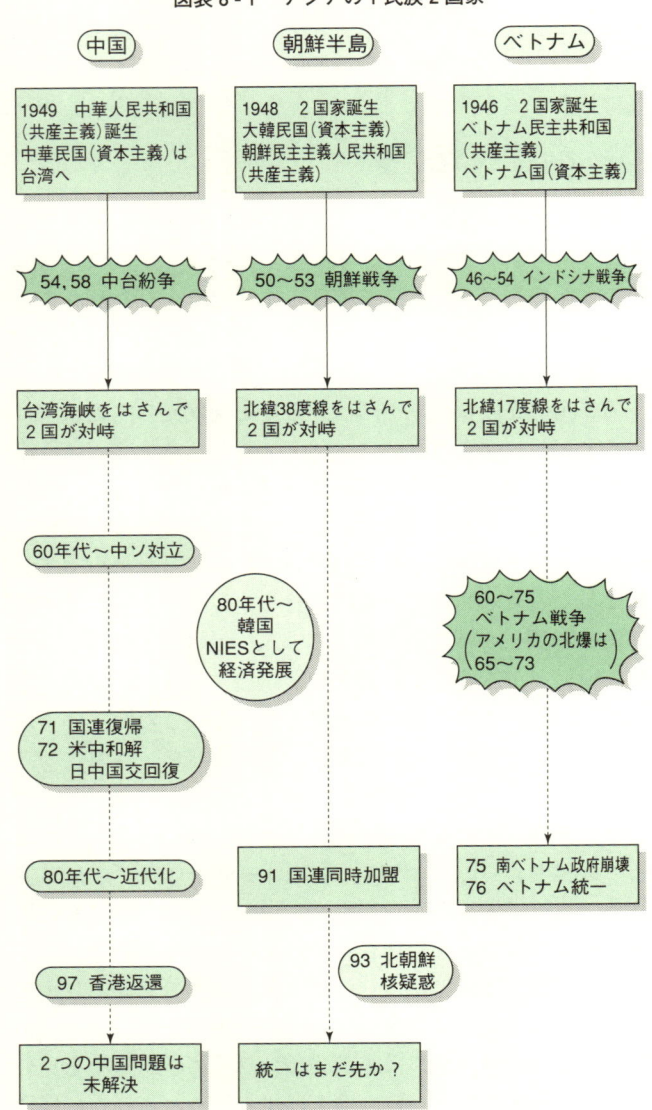

中国

1949　中華人民共和国（共産主義）誕生
中華民国（資本主義）は台湾へ

↓

54,58　中台紛争

↓

台湾海峡をはさんで2国が対峙

⋮

60年代～中ソ対立

↓

71　国連復帰
72　米中和解
　　日中国交回復

↓

80年代～近代化

↓

97　香港返還

↓

2つの中国問題は未解決

朝鮮半島

1948　2国家誕生
大韓民国（資本主義）
朝鮮民主主義人民共和国（共産主義）

↓

50～53　朝鮮戦争

↓

北緯38度線をはさんで2国が対峙

⋮

80年代～韓国NIESとして経済発展

⋮

91　国連同時加盟

↓

93　北朝鮮核疑惑

↓

統一はまだ先か？

ベトナム

1946　2国家誕生
ベトナム民主共和国（共産主義）
ベトナム国（資本主義）

↓

46～54　インドシナ戦争

↓

北緯17度線をはさんで2国が対峙

↓

60～75　ベトナム戦争（アメリカの北爆は65～73）

↓

75　南ベトナム政府崩壊
76　ベトナム統一

を感じていたようです。また中国は，朝鮮戦争へのソ連の消極的な取り組みかたにも不満をもっていました。「友好」はしだいに「見せかけ」になっていったのです。

中台紛争　　一方，中国と台湾は，対決姿勢をとりながらも，すぐには軍事紛争を起こしませんでした。最初の事件が発生したのは，中国独立から5年後の1954年のことです。この年，中国は**「台湾解放」**を宣言し，台湾領の金門島と馬祖島に砲撃を加えました。同様の武力衝突は58年にも見られましたが，いずれも「小競り合い」程度のものでした。台湾の背後にはアメリカがいるので，実際には本格的な侵攻は不可能な状況にありました。おそらく中国のこうした軍事行動の目的は，台湾併合にたいする中国の姿勢を世界にアピールすることだったのではないでしょうか。つまり「見せかけ」の側面が大きかったのです。

それでもアメリカは，これらの危機に際して台湾を積極的に支援する姿勢を示しました。いざというときには，アメリカ軍を送って本格的に中国と戦うつもりでいたのです。アメリカ軍では核兵器の使用まで検討されていたといいます。2回の危機が本格的な中台戦争に発展せず，ともに米中の話し合いで解決されたのは「不幸中の幸い」でした。

朝鮮戦争

2つの朝鮮　　第2次世界大戦後，日本の植民地であった朝鮮半島は，ソ連とアメリカによって南北に分断され占領されました。そして，統一朝鮮の新政府の樹立方法をめぐって米ソの意見が対立した結果，1948年，両国の占領地域は，それぞれ米ソの後援の下，別個に独立することとなりました。こうして，朝鮮半島南部には**「大韓民国」**が，北部には**「朝鮮民主主義人民共和国」**が誕生したのです（以下，「韓国」と「北朝鮮」と呼びます）。

朝鮮戦争の勃発

1950年，北朝鮮軍は，南北2国家を分けていた北緯38度線を突破して，韓国に攻め込みました。「**朝鮮戦争**」のはじまりです。北朝鮮がこのような行動に出た理由はいろいろと考えられますが，おそらく前年の中国での共産党政権の誕生に触発されたのではないでしょうか。北朝鮮には，中国の共産主義化を黙認したアメリカは今回も介入しないだろうとの「読み」もあったにちがいありません。

図表8-2　2つの朝鮮

国連による軍事行動の承認

ところが，アメリカは即座に行動を起こします。アジアにおけるアメリカの威信は，中国がソ連側にくみしたことで失われつつありました。アメリカは，覇権国としての威信を取りもどすためにも，アジア情勢に積極的に関与せざるをえなかったのです。北朝鮮の「読み」は外れました。アメリカによる提訴を受けた国連安保理は，北朝鮮を「平和の侵略者」と認定し，この侵略をやめさせるために韓国を軍事的に支援することを承認します。第3章で述べたように，このときソ連はたまたま欠席していたため，拒否権を行使できませんでした。こうして朝鮮戦争は，北朝鮮と国連多国籍軍との戦いになりました。

朝鮮戦争の推移

1950年6月にはじまった戦争は，当初は北朝鮮の圧倒的優位のうちに推移しました。北朝鮮は南部の一部地域を除いて，朝鮮半島のほぼ全域を手中に収

めたのです。しかし、国連多国籍軍（中心はアメリカ軍）の支援を受けた韓国軍は、ここで反撃に転じます。今度は北朝鮮軍を北に押しやって、とうとう中国との国境地帯にまで追い詰めました。すると、危機感を抱いた中国が北朝鮮に**「義勇軍」**を送り、韓国軍を南に退却させます。結局、1951年に入る頃には、戦闘は北緯38度付近で膠着状態になりました。

朝鮮戦争の休戦　ヨーロッパで冷戦体制が確立していくなか、米ソは朝鮮戦争の処理には一種の「ためらい」を見せます。戦闘は1年も続かなかったのに、休戦協定の締結までにはさらに2年以上の時間がかかったのです。ソ連が休戦をためらったのは、アメリカ軍を朝鮮半島にくぎ付けにすることで、他地域での活動を優位に進めようと考えていたからです。一方のアメリカでも、朝鮮半島の武力統一や中国への攻撃といった「積極策」はためらわれました。これ以上の戦争をするには、原爆の使用を含む相当な覚悟を必要としたからです。

こうして戦争前の状況を再現できればよしとするムードが広がっていきます。そして、スターリンが没すると、ソ連も同意して正式に**休戦協定**が締結されます。1953年7月のことでした。もちろん、休戦が成立しても、北朝鮮と韓国とが友好的になったわけではありません。休戦ラインをはさんだ緊張は、その後も続きました。今も両国の緊張関係は続いています。

インドシナ戦争

植民地主義への反抗　東南アジアのインドシナ半島東部、現在のベトナム、ラオス、カンボジアのあたりは、もともとフランスの植民地でした。第2次世界大戦後、フランスは再びこの地域を支配しようとします。他の大国は、

この地域との利害関係が薄かったためか、これに強く反対しませんでした。

図表8-3　2つのベトナム

しかし、ベトナムの独立を求める人びとは、フランスの復帰に強く反発しました。ホー・チ・ミンを指導者として**「ベトナム民主共和国」**の独立を宣言したのです。フランスはバオ・ダイを擁立して**「ベトナム国」**をつくらせ、大量のフランス軍を派遣して、これに対抗しました。こうしてベトナムは1946年から、内戦状態に入ったのです。

この内戦は、冷戦的な対立構造を反映していました。ホー・チ・ミンのベトナム民主共和国は、共産主義国家をめざしています。一方のバオ・ダイ政府とフランスは、いうまでもなく資本主義体制の確立を求めていました。ところが、ここでも米ソは積極的な軍事行動をとりませんでした。やはりヨーロッパ問題が先決だったためです。こうしてベトナム内戦は、米ソ戦争に発展する危険性がなかった代わりに解決の糸口も見つからないまま、泥沼化しながら8年以上も続きました。

ジュネーブ協定と2つのベトナム　1954年、5大国と内戦当事者の代表がジュネーブに集まりました。そして話し合いの結果、北緯17度線を暫定的軍事境界線と定め、ベトナムを南北に分断することで休戦が成立しました。こうして、北には共産主義を掲げる**「ベトナム民主共和国」**、南には資本主義を掲げる**「ベトナム共和国（55年までは前**

述のベトナム国)」という2つのベトナムが存在することとなったのです。ただし，一方の当事者であるベトナム国と，後にベトナム戦争の担い手となるアメリカは，この協定に反対し，調印もしませんでした。

冷戦と熱戦　いわゆる冷戦の第1期に，アジアでは「2つの中国」，「2つの朝鮮」，「2つのベトナム」がつくられました。これらが「2つのドイツ」と異なるのは，いずれも軍事衝突が見られたことです。約45年間の冷戦時代，アメリカとソ連はもちろん，東ドイツと西ドイツも，直接的な武力衝突を起こしたことはありませんでした。しかしアジアでは，「冷戦」的な対立構造のなかで実際に「熱戦」が発生し，悲しいことに多くの人命が失われたのです。

日米安保体制の成立

アメリカは，紛争の多いアジアにおける覇権を維持するために，1950年代前半，各地に次々と安全保障体制を築いていきます。わが国の独立や日米安全保障条約の締結も，この流れのなかでの出来事です。

日本の独立　朝鮮半島での戦争勃発を受けて，アメリカは，わが国を西側陣営に参加させる方針を固めます。「太平洋戦争」に勝利し，太平洋を獲得したアメリカは，その海の先にある中国やソ連の脅威に対抗するため，わが国を防波堤にする必要を感じたのです。

こうして，連合国軍の占領下に置かれていたわが国は，1951年9月，吉田茂内閣のときに「**サンフランシスコ講和条約**（日本国との平和条約）」に調印して，独立国としての地位を回復しました。ただし，アメリカ主導のこの講和条約（＝戦争の終了を正式に確認するための条約）をソ連や中国などは認めませんでした。

日米安全保障条約　独立したわが国の安全保障は，ア

メリカの支援の下に確保されることになりました。サンフランシスコ講和条約の調印の日に，わが国とアメリカは**「日米安全保障条約」**を締結しました。この条約に基づいて，アメリカ軍は占領終了後も，引き続きわが国に駐留することになったのです。

なお，現在の日米安全保障条約は，1960年に改定された**「新安保条約」**です。正式には「日米相互協力および安全保障条約」といいます。1951年の条約では，わが国がアメリカに軍事基地を提供するにもかかわらず，アメリカはわが国の防衛に対する責任を負っていませんでした。この不平等を是正するために日米間で交渉が積み重ねられ，**岸信介内閣**のときに条約の改正が実現したのです。

改定条約では，わが国はアメリカに基地を提供し，また駐留するアメリカ軍の防衛に共同してあたることとなりました。一方，アメリカはわが国の防衛に責任を負うこととなりました。あわせて，駐留米軍がわが国に無断で戦争に参加しないように，駐留米軍の配置や装備の重要な変更については，両国が**「事前協議」**を行なうことも定められました。

アジア・太平洋地域におけるアメリカの安全保障政策

2国間の防衛条約　アメリカがアジアで結んだ2国間の防衛協定は，何も日米安全保障条約だけではありません。同じ1951年，アメリカはフィリピンとの**「米比相互防衛条約」**にも調印しています。また，朝鮮戦争が終結した1953年には，韓国との**「米韓相互防衛条約」**も成立させました。これらによって，アメリカ軍はフィリピンにも韓国にも基地をもつことになったわけです。さらに1954年には，中華民国（台湾）とのあいだでも**「米華相互防衛条約」**を締結しました。

図表8-4　アメリカの安全保障政策

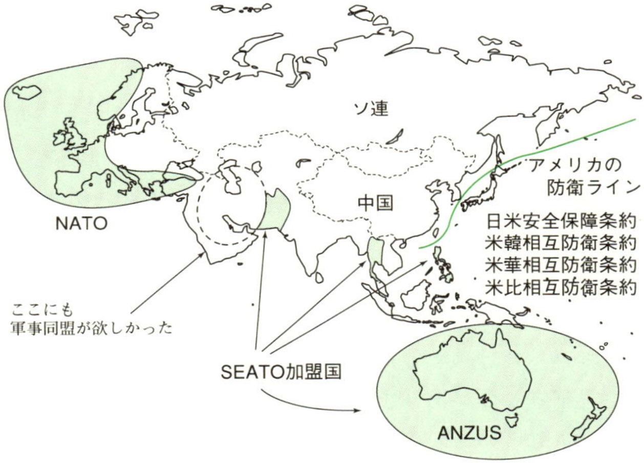
ソ連
NATO
中国
アメリカの
防衛ライン
日米安全保障条約
米韓相互防衛条約
米華相互防衛条約
米比相互防衛条約
ここにも
軍事同盟が欲しかった
SEATO加盟国
ANZUS

アンザス条約　太平洋地域では，アメリカはオーストラリアやニュージーランドと「太平洋安全保障条約」を結びました(1951年)。この条約は，一般に3国の頭文字（AとNZとUS）を組み合わせて，**「ANZUS＝アンザス条約」**と呼ばれています。ちなみに，この条約はニュージーランドの非核政策の導入によって，1985年以降，事実上その機能を停止しています。

東南アジア条約機構　東南アジアでは，インドシナ戦争休戦後の1954年，アメリカ側の軍事同盟組織として**「東南アジア条約機構(SEATO，シアトー)」**が設立されました。参加したのは，アメリカ，イギリス，フランス，オーストラリア，ニュージーランド，フィリピン，タイ，パキスタンの8か国です。いうまでもなく，東南アジア地域における共産主義勢力の拡大を阻止するためのものでしたが，1977年には解消しました。

じつはアメリカは，NATOとSEATOのあいだに，西アジアや中東諸国からなる軍事機構を設け，ソ連・東欧・中国を東から西までぐるりと包囲するつもりでした。しかし，中東情勢がなかなか安定しなかったので，この構想は完全には実現しませんでした。

非同盟への道

これまで述べてきたように，1950年代前半のアジアを特徴づけるのは，冷戦的な対立構造を反映した2つの大きな戦争（朝鮮戦争・インドシナ戦争）でした。危機感をつのらせたアメリカは，軍事同盟の形成に力を注ぎます。一方ヨーロッパでは，すでにこの時期，米ソ両陣営とも制度的結束を確立しつつありました。アジア諸国が米ソの陣営に取り込まれていくのは時間の問題でした。

第2次世界大戦後に誕生したアジアやアフリカの新興諸国は，こうした動きを「脅威」と受けとめます。植民地状態から脱してようやく独立したばかりなのに，またすぐ米ソの政治的支配下に置かれたのでは，独立が空文化するといった思いだったのでしょう。かれらは米ソどちらの陣営にも加わらない中立の道を選ぼうとします。**「非同盟主義」**はこうして誕生したのです。

バンドン宣言　この非同盟の理念を表明した最初の国際会議は，1955年の**「第1回アジア・アフリカ会議」**でした。インドネシアのバンドンで開催されたこの会議には，わが国や中国も含め，アジアとアフリカの29か国が参加しました。そして，そこで発表された10項目にわたる**「バンドン宣言」**のなかに，大国の利益に奉仕するような集団安全保障機構には参加しないことが盛り込まれたのです。

非同盟諸国会議　1961年，**「第1回非同盟諸国会議」**がユーゴスラビアのベオグラードで開催されました。ユーゴ

スラビアのチトー，インドのネルー，インドネシアのスカルノといった開発途上国の有力指導者たちの呼びかけに，25か国が応じました。

この会議では，米ソ両陣営への不参加がはっきりと表明されました。あわせて，**核兵器の廃止，反植民地主義，外国軍基地の撤去**なども提唱されました。もちろん米ソは，こうした非同盟主義を批判します。そして，途上国にたいする経済援助などを強化して，なんとか旗色を明らかにさせようと働きかけたのです。

ところで，この非同盟諸国会議は，その後も参加国を増やしながら，ほぼ3年に1度ずつ開かれてきました。ただし冷戦後の現在，主な議題は「政治」ではなく「経済」です。どうも会議の目的は，東西対立のなかでの中立維持から，南北対立のなかでの南側諸国の利益の増進に代わってしまったようです。

多極化の進展

米ソ両国を中心とした東西陣営に「2極化」していた世界は，1950年代後半から1960年代にかけて，しだいに多様化していきます。**「多極化」**時代の到来です。

2つの多極化　多極化は2つの側面で見られました。1つは，上記の「非同盟諸国」の登場によるものです。アジアやアフリカに誕生した多くの新興国家は，東西の極に向けて引き裂かれようとしていた世界を，今度は南北方向に引っぱったのです。

もう1つの多極化は，東西両陣営の内部分裂によってもたらされました。1960年代，西側では**フランス**が，東側では**中国**が，それぞれ独自の外交路線を模索したのです。そもそも中国とフランスは，自国の文化に誇りをもっているせいか，どうも他国に追随することを好まないようです。

図表 8-5　多極化

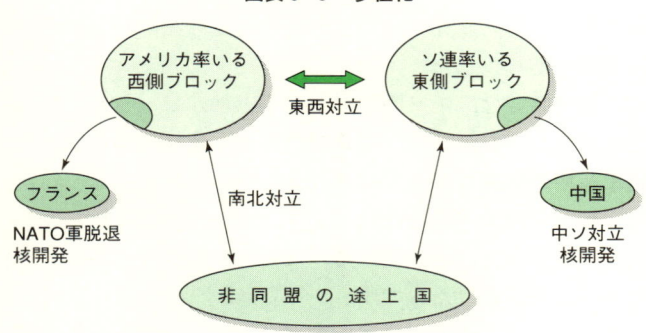

```
   アメリカ率いる        ソ連率いる
   西側ブロック   ⇔   東側ブロック
                東西対立
      ↓              ↑           ↓
  ┌──────┐                    ┌────┐
  │フランス│    南北対立         │中国│
  └──────┘        ↓           └────┘
  NATO軍脱退                    中ソ対立
  核開発                        核開発
              非同盟の途上国
```

両国は，それぞれ米ソからの自立を求めて，核兵器まで開発しました。

フランスのNATO軍脱退　アジアの話ではありませんが，ここで1960年代のフランス外交について見ておきましょう。このことを考えるうえで，この時期のフランスの大統領がナショナリストで知られる**ド・ゴール**であったことは重要です。かれは，フランスを核保有国にするとともに，外交上2つの大きな決断をしました。1つは，1964年に，アメリカの意向を無視してまでも，**中国との国交**を回復させたことです。もちろん，西側ブロックの主要国でははじめてのことでした。そしてもう1つは，1966年に**NATOの軍事部門からの脱退**を宣言したことです。米英にNATO軍の主導権が握られているというのがその理由でした。西側ブロックに生じたはじめての亀裂です。

中ソ対立　亀裂は共産主義陣営にも走っていました。ソ連と中国とが，共産主義の理念の解釈をめぐって，路線対立を深めていったのです。1950年代半ばに，ソ連が西側陣営との「平和共存」を掲げたことは，**中ソ間のイデオロギー対立**を決定づけました。とうとう1959年には中ソ技術協定が破棄され，両国の協力関係は破綻してしまいます。

1960年代をつうじて両国は相互批判に明け暮れ，しだいに口論だけでは済まない状況に近づいていきました。

1969年，中国とソ連は，ついに国境沿いで武力衝突を起こしました。**ダマンスキー島（珍宝島）事件**です。この紛争は，幸い本格的な中ソ戦争には発展しませんでした。しかしこれを期に，中ソ関係は全面的に凍結されます。両国の国境には軍隊が配備され，一触即発のにらみ合いが続きました。この中ソ対立が解消されたのは，ソ連のゴルバチョフ大統領が北京を訪問して，両国の関係正常化が宣言された1989年のことでした。

日本の戦後処理外交

この頃，わが国はどういう外交政策をとっていたのでしょうか。わが国は，アメリカ陣営に加わり，安全保障をアメリカに依存することで，順調な経済成長を続けていました。しかし，政治的にはまだ「戦後処理」は終わっていなかったのです。1950年代後半から70年代前半までの日本外交の中心課題は，この「戦後処理」でした。

日ソ共同宣言　この時期のわが国の外交の基本は，もちろんアメリカとの協調でした。しかし，わが国の安全保障を考えると，サンフランシスコ講和条約を拒否したソ連との戦争終結と国交回復は，早急に実現しなければならない課題でした。これを実現したのは，吉田内閣退陣後に登場した**鳩山一郎内閣**です。

そもそも鳩山首相は，吉田内閣の対米依存路線には批判的でした。ソ連との関係正常化に努めたのも，自主外交や自主防衛を実現したいとの願いがあったからです。幸い，鳩山内閣の熱心な働きかけと，米ソ冷戦体制の確立とがうまく呼応しました。この結果，1956年10月，わが国とソ連は，両国の国交回復をうたった**「日ソ共同宣言」**に調印し

図表 8-6　日本外交の軌跡

1951	吉田　茂	サンフランシスコ講和条約 日米安全保障条約
1956	鳩山一郎	日ソ共同宣言 国連加盟
1960	岸　信介	日米安全保障条約の改定 （新安保条約）
1965	佐藤栄作	日韓基本条約
1972	〃	沖縄返還
1972	田中角栄	日中共同声明
1978	福田赳夫	日中平和友好条約

たのです。ソ連との国交が回復したことにより，1956年12月，わが国は悲願の国連加盟を果たしました。しかし，北方領土問題は解決されませんでした。両国間に平和条約が結ばれていないのは，このためです。

　日韓基本条約　　韓国との関係正常化も困難な課題でした。わが国が1910年から45年まで朝鮮半島を植民地としてきたことなどから，両国の感情的隔たりが大きかったためです。事実，51年にはじめられた交渉は，10年間ほとんど進展しませんでした。ところが，61年に誕生した**朴正熙政権**は，経済成長をにらんで，対日関係の改善に積極的に取り組みます。そのおかげで，**佐藤栄作内閣**時代の65年，両国は「**日韓基本条約**」に調印し，国交回復を実現しました。第2次世界大戦が終結してから20年目の出来事でした。

　沖縄返還　　アメリカにとって，沖縄は軍事戦略上の重要拠点でした。ですから，日本が主権を回復した後も，ア

メリカは沖縄の間接統治を続けました。しかし，1960年代になると，沖縄での本土復帰運動が本格化し，**沖縄返還**は日米間の重要な政治課題となります。64年に登場した佐藤栄作内閣も，沖縄返還を重点政策に掲げました。

沖縄返還にあたっての最大の懸案は，沖縄のアメリカ軍基地への核兵器の持ち込みでした。佐藤政権は，核兵器を**「つくらず，持たず，持ち込ませず」**という**「非核3原則」**を掲げていました。当然，沖縄に核兵器を持ち込みたいアメリカ軍とは意見が合いませんでした。なにしろアメリカは，まだベトナム戦争の真っ最中だったのです。

しかし，ベトナム戦争も終盤になると，軍事基地としての沖縄の重要性は低下していきました。アメリカは，原爆を体験した日本国民の感情に配慮してついに譲歩します。そして，69年の佐藤・ニクソン会談で，基地の使用を**「核抜き・本土並み」**とすることなどが決められ，沖縄返還は正式に合意されました。こうして，準備期間を経た72年，沖縄は日本に返還されたのです。

ベトナム戦争

60年代のアジアの国際政治を特徴づける出来事の1つに**「ベトナム戦争」**があります。この時代，多極化が進んだとはいえ，50年代につくられたアジアの冷戦的対立は，依然として残っていました。ベトナム戦争は，この冷戦構造を力で克服しようとしたためにもたらされた悲劇といえるでしょう。

ドミノ理論　すでに述べたように，ベトナムはジュネーブ協定によって南北2国に分けられました。このうち南ベトナムでは，北ベトナムとの統一を求める民衆が，その後も頻繁に反政府運動を起こしていました。地主制度が残っていた南ベトナムの農民は，社会主義国である北ベトナ

ムとの統一による農地解放を夢見ていたのです。

1960年，北ベトナムとの統一を求める人々は，**「南ベトナム民族解放戦線」**を組織し，本格的な反政府闘争を開始しました。ベトナム戦争（第2次インドシナ戦争）のはじまりです。強力な武器を備えた政府軍に対抗するために民族解放戦線が採用した闘争方法は，神出鬼没のゲリラ戦でした。

この頃アメリカは，南ベトナム政府を積極的に支援していました。当時のアメリカ政府では，ベトナムが共産化すると，東南アジアの国々が次々と共産化してしまうという理論が信じられていました。ドミノ倒しからの類推で**「ドミノ理論」**と呼ばれた理論です。そこで，ケネディ大統領は，「軍事顧問団」という名目で，ベトナムに軍隊を派遣することにしました。その数は，63年には1万6000人にも達しました。

北爆の開始　南ベトナムの内戦は，簡単には終わりませんでした。65年からは，政府軍を支援するアメリカと，南ベトナム民族解放戦線を支援する北ベトナムが，ついに本格的な戦争をはじめてしまいました。内戦は国際紛争へと拡大していったのです。

そのきっかけは，64年にアメリカ議会が，当時の**ジョンソン大統領**に「戦時権限」を認めたことにありました。議会の支持を得るために，トンキン湾でアメリカ艦船が北ベトナム軍の攻撃を受けたという口実が用意されました。こうして戦時権限を与えられたジョンソン大統領は，65年から北ベトナムへの空爆（**北爆**）を開始します。戦線の拡大のため，ベトナムに派遣されたアメリカ軍は50万人にものぼりました。

パリ協定　戦争が長引くにつれ，アメリカ国民のあいだにはえん戦気分が広がっていきました。なぜアメリカの

若者がわざわざベトナムで死ななければならないのか、という意見も強くなりました。

図表 8-7　ベトナム戦争の構図

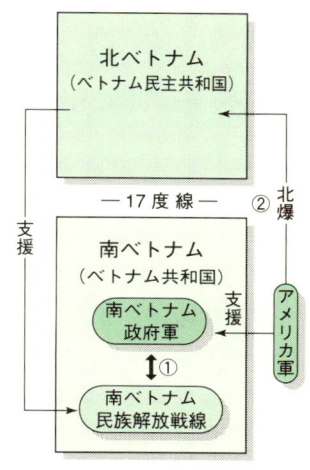

北ベトナム
（ベトナム民主共和国）

―17度線―

南ベトナム
（ベトナム共和国）
　南ベトナム政府軍
　　↕①
　南ベトナム民族解放戦線

支援　②北爆　アメリカ軍　支援

①の内戦から②の国際紛争へと発展

1968年、北ベトナム軍と南ベトナム民族解放戦線は、サイゴンなど南ベトナムの主要都市を一時的に占拠しました（テト攻勢）。まもなくアメリカ軍はそれらの都市を奪還しましたが、アメリカ兵のあいだには自分たちが負けそうだとの印象が広まりました。しかも、この戦闘をテレビ中継で見ていたアメリカ国民のあいだにはえん戦気分が高まり、**反戦運動**も活発化しました。ジョンソン大統領は、次期大統領選挙への立候補を断念せざるをえませんでした。

新しく政権に就いたニクソン大統領は、1971年、「戦争のベトナム化」を掲げました（**ニクソン・ドクトリン**）。もともとベトナム人どうしの戦争なのだから、もうアメリカ軍は引き揚げようというわけです。しかしこの過程で、戦争はラオスやカンボジアにも飛び火しました。アメリカ軍が南ベトナムから撤退する前に、ゲリラの陣地となっていそうな周辺地域を徹底して攻撃したためです。しかし、アメリカ軍のこの作戦もうまくはいきませんでした。

1973年、アメリカは**「パリ協定」**に調印し、ベトナムから完全撤退しました。最新鋭の兵器もゲリラ戦には勝てなかったのです。アメリカ軍が初めて味わう敗北でした。なお、アメリカ撤退から2年後の75年、南ベトナム政府軍は

戦いに破れ,翌年には**南北ベトナムの統一**が実現しました。アジアに存在した3つの「1民族2国家」のうち,1つがようやく統一されたのです。

中国の国際社会への復帰

1970年代のアジアにおける最大の変化は,中国の国際社会への復帰でした。

中国の国連代表権　国連は,発足時から中国の代表権を中華民国(台湾)に認めてきました。しかし,中華人民共和国(中国)を国連に参加させないことは,やはり変でした。すでに1960年代から,中国は途上国のなかで大きな影響力をもつようになっていたからです。

ところが,中国は「**2つの中国**」を絶対に認めないという姿勢を崩しませんでした(現在もそうです)。台湾はあくまでも中国の一部であるというのです。したがって,もし中国に国連の代表権を認めるならば,台湾は国連から追い出されなければならない,と中国は主張しました。

1971年,国連総会は中国招請を正式に決定しました。アメリカは台湾追放をなんとか防ごうとしましたが,成功しませんでした。国際社会は多数決をもって,中国に国連での代表権を与えることを承認したのです。台湾は国連から去っていきました。

ちなみに,2つのドイツや2つの朝鮮は,相互にその存在を認めあったうえで,国連への同時加盟を果たしています(73年と91年)。2つの中国だけが,現在に至るまで,相互にその存在を認めていないのです。いまも中国は,国交を結んだ国に台湾との断交を求めています。台湾に日本大使館がないのは,こうした背景があるためなのです。

米中和解と日中国交回復　1972年の米中和解も,中国の国際社会への復帰を印象づけるものでした(第7章参

照)。しかし，アメリカにとって，それまで支援してきた台湾はそう簡単には捨て切られません。結局，米中が正式に国交を回復したのは，和解から7年後の1979年のこととなりました。

　一方，わが国と中国との国交回復は1972年に実現しました。**田中角栄首相**がニクソン訪中の約半年後に中国を訪れ，**「日中共同声明」**をまとめたのです。中国は，国交回復にあたって，わが国が台湾と結んだ52年の「日華平和条約」の破棄を求めました。また，ソ連を念頭に置いた「反覇権条項」を声明に盛り込むことも主張しました。2つの要求とも，わが国にとっては受け入れられないものです。両国は交渉を重ね，声明文の表現を工夫することで問題の解決に成功しました。たんに「声明」といっても，その文言にはかなり細かな配慮がなされていたのです。

　日中平和友好条約　　その後，日中両国は**「日中平和友好条約」**の締結に向けて，さらに交渉を続けました。しかし，台湾やソ連との関係などについての意見の相違から，この条約作りも困難をきわめました。福田赳夫内閣時代の1978年，日本と中国はやっとこの条約を締結し，友好関係を樹立することができました。

冷戦後の東アジア

　1980年代のアジアは，政治よりも経済によって特徴づけられます。中国も「近代化」を掲げ，経済成長を目的とした政策を次々と導入します。東アジアの国際関係が政治面で大きく変化するのは，90年代に入ってからのことです。

　朝鮮半島の冷戦の緩和　　冷戦の終結にもっとも敏感に反応したのは，韓国を取り巻く国際情勢でした。それまで北朝鮮を支持してきたソ連と中国が，相次いで韓国との国交を回復させたのです。**韓国とソ連の国交回復**は90年に，**韓国**

第8章　国際関係の歴史②（アジアの冷戦構造）

と中国の国交回復は92年に実現しました。中ソ両国とも，韓国との経済関係の発展を期待しているのでしょうが，それでも朝鮮半島の安全保障にとっては大きな前進でした。

韓国と北朝鮮の関係にも，明るさが見えはじめました。両国は，1991年，**国連への同時加盟**を果たすとともに，「南北間の和解と不可侵及び交流・協力に関する合意書」や「朝鮮半島の非核化に関する共同宣言」といった和平協定に調印しました。

北朝鮮の核疑惑　　ところが，中ソの支援を失った北朝鮮は，孤立の恐怖からか，軍事力の増強を図ります。核兵器の開発もうわさされ，アジアには再び緊張が走ります。1993年，北朝鮮が「国際原子力機関（IAEA）」の査察を拒否すると，**北朝鮮の核疑惑**は決定的なものとなりました。

この問題の解決のため，アメリカと北朝鮮の話し合いが繰り返し行なわれました。そして，ようやく1994年の会談で，核疑惑の焦点となっていた原子炉を，兵器に使用される危険の少ない「軽水炉」に転換することが合意されました。

ところが，その後，北朝鮮はまた核兵器の開発に着手します。2003年には核不拡散条約（NPT）からの脱退まで宣言しました。そして，2006年以降，地下核実験を強行するようになりました。

北朝鮮は，核兵器の保有を公言しています。また，それを他国に打ち込むためのミサイルの開発も進めています。わが国だけでなく，世界にとって憂慮すべき事態が続いています。

第8章 練習問題

[問] 中国の外交に関するつぎの記述のうち，正しいものはどれか。

1　中華人民共和国の誕生は，ソ連の強い支援の下に実現したため，中国はソ連が結成したワルシャワ条約機構の中心的メンバーとなった。
2　朝鮮戦争において，中国は当初から北朝鮮に軍事援助を行なうとともに，韓国を支持するアメリカ艦隊を太平洋上で攻撃した。
3　中国は台湾を自国の領土であると主張しているが，資本主義国である台湾の背後にはアメリカがいるため，中国は米中戦争を恐れて，これまで積極的に台湾領土を攻撃したことがない。
4　1972年のニクソン訪中で，アメリカと中国の国交が完全に回復すると，わが国も中国との国交回復に踏み切り，台湾との国交を断絶した。
5　冷戦の終結はアジアの国際関係にも重大な影響を及ぼしたが，1992年，それまで北朝鮮を強く支援してきた中国は，韓国との国交樹立に踏み切った。

【解答と解説】　1．中国はむしろ独力で革命を成し遂げた。また，中ソ関係が悪化していたため，中国はワルシャワ条約機構のメンバーには加わらなかった。2．中国が朝鮮戦争に参戦したのは，韓国軍と国連多国籍軍が中国との国境近くにまで軍を進めてきたためである。もちろん，中国が太平洋上でアメリカ艦隊を攻撃したという事実はない。3．中国は「台湾解放」を掲げて，1954年に台湾領の金門島などに砲撃を加えた。4．ニクソン訪中で実現したのは，朝鮮戦争以来ずっと対立を続けてきた両国の「和解」である。米中が正式に国交を回復したのは1979年のことであった。5．正しい。

正答　5

国際関係の歩き方⑧　広場の見学

天安門広場　「広場」というのは、「公園」とちがって、やはり意図的に人を集めて政治的なイベントを行なう場所のようです。そうだとすれば、世界でもっとも人口の多い国に、世界でもっとも大きな広場があるのは当然ともいえます。もし北京に行ったら、10万人が入れるという天安門広場の真ん中に立って、ここを人が埋め尽くした状態をイメージしましょう。中国のスケールの大きさがわかってきます。ちなみに、この広場の大きさは、東西500メートル、南北880メートル。広場の周囲をぐるっと一周するだけで、40分ほどかかります。広場の北端にある天安門は、明・清時代の王宮＝紫禁城（故宮）の正門にあたります。1949年、毛沢東はこの門の上から中華人民共和国の樹立を宣言しました。そして1989年には、民主化を求めた学生たちが、この門の前で軍隊に制圧されました。やはり「広場」は政治的色彩の濃い場所なのです。中央に立つだけならかまわないでしょうが、自分の意見を書いたビラなど配ると、すぐに警察官（公安）がやってくるにちがいありません。

赤の広場　ついでに、モスクワの「赤の広場」にも行ってみましょう。じつは、この「赤の広場」の「赤」は、共産主義を意味するものではありません。現在では「赤」を意味する「クラースナヤ」という言葉は、古くは「美しい」という意味で用いられたのだそうです。つまり、この広場は「美しい広場」という、なんとも陳腐で政治性のまったく感じられない名前をしていたのです。しかし実際には、ソ連時代、この広場では大きな政治的イベントが数多く行なわれました。現在も広場にはレーニンの墓が置かれています。撤去を求める声もあるようですが、はたしてどうなりますか。

事項・人名索引

＊重要度が低いと思われる箇所は所在ページを省略した

【あ】
アイゼンハワー,D.D.　133,161
アジア・アフリカ会議　192
アジア太平洋経済協力(APEC,エイペック)　96〜97
アジア太平洋経済社会委員会(ESCAP,エスカップ)　70
アジア太平洋自由貿易圏(FTAAP,エフタープ)　97
アパルトヘイト犯罪防止条約　75
アフガニスタン侵攻　170
アブハジア紛争　147
アフリカ統一機構(OAU)　100
アフリカ連合(AU)　100
アムステルダム条約　90
アメリカ通商代表部(USTR)　21
アラブ民族主義　132〜133
アリソン,G.T.　45〜46
アンザス条約(ANZUS)　191
安全保障共同体　39
安全保障理事会(安保理)　12,57〜66,133,135

【い】
イスラエルの建国　131
1次産品の商品協定　112
1国1票制度　58
イラク戦争　177
イラン・イラク戦争　11
インドシナ戦争　187,192
インド・パキスタン紛争　140

【う】
ウィルソン,W.　15,53
ヴェルサイユ条約　53,72
ウォーラーステイン,I.　43〜44

ウォルツ,K　29
宇宙条約　9
ウルグアイ・ラウンド　123

【え】
エジプト・イスラエル平和条約　136
エスニシティ　16〜18
エスノセントリズム　18
円借款　113

【お】
欧州安保協力会議(CSCE)　169,176
欧州安保協力機構(OSCE)　176
欧州委員会　91〜92
欧州議会　92
欧州共同体(EC)　83〜86,88
欧州経済共同体(EEC)　82
欧州経済協力機構(OEEC)　158
欧州経済地域(EEA)　86
欧州原子力共同体(EURATOM,ユーラトム)　82
欧州自由貿易連合(EFTA,エフタ)　83
欧州石炭鉄鋼共同体(ECSC)　82
欧州中央銀行(ECB)　88
欧州通貨制度(EMS)　88
欧州通常戦力条約(CFE条約)　176
欧州防衛共同体(EDC)　83
欧州理事会　90
欧州連合(EU)　86,88
欧州連合条約　86,90,92
沖縄返還　196〜197
温暖化防止条約　74

【か】

外国人労働者問題　18
開発援助委員会(DAC)　115
開発協力大綱　114
化学兵器禁止条約　176
核セキュリティ・サミット　178
核なき世界　178
核不拡散条約(NPT)　166
カシミール分割　142
カーター, J.E.　136, 170
ガルトゥング, J.　43
為替相場メカニズム(ERM)　88
韓国とソ連の国交回復　201
韓国と中国の国交回復　201
関税および貿易に関する一般協定(GATT, ガット)　118, 122
関税同盟　84～85, 101
環太平洋パートナーシップ協定(TPP)　124
ガンディー, M.K.　140
カント, I.　52
官僚政治モデル　45

【き】

気候変動枠組み条約　74
岸信介　190
北アイルランド問題　148
北大西洋条約機構(NATO)　145, 161, 172, 174, 178, 194
北朝鮮の核疑惑　202
キッシンジャー, H.A.　28, 168
キッシンジャー外交　168～169
キプロス紛争　140
キャンプ・ディビッド合意　137
旧ユーゴ戦争犯罪国際法廷　145
ユーゴの民族問題　143
キューバ危機　164
共産党・労働者党情報局　159
共通農業政策(CAP)　83
拒否権　55, 63～64, 133
ギルピン, R.G.　29, 34
緊急特別総会　64

キングストン合意　119

【く】

グラント・エレメント(G.E.)　113
クルド人　139～140
クロアチア　144～146
グローバル化　3
軍縮　175

【け】

経済協力開発機構(OECD)　114
経済社会理事会　57, 70
経済制裁　64
経済相互援助会議　159
経済・通貨同盟　88, 101
経済連携協定(EPA)　124
ケナン, G.F.　28
ケネディ, J.F.　109, 164～167
ゲーム理論　27
現実主義理論　27～28, 31～32
建設的棄権制　90
憲法条約　93

【こ】

構造主義理論　27, 29, 31～42
構造的現実主義　29
構造的暴力論　31, 43
後発開発途上国(LDC)　107～109
合理的行為者モデル　45
国益　33
国際開発協会(IDA)　116
国際金融公社(IFC)　116
国際公共財　34
国際司法裁判所　57, 71
国際人権規約　75
国際体制論(レジーム論)　31, 40, 42
国際通貨基金(IMF)　115～117
国際統合理論　29, 38
国際農業開発基金(IFAD)　74
国際復興開発銀行(世界銀行, IBRD)　115～117
国際貿易機構(ITO)　117～118

国際連合の誕生　54
国際連盟　53
国際労働機関(ILO)　72
コソボ独立　146
国民国家　15,17
国力　32
国連開発の10年　109〜111
国連海洋法条約　8〜9
国連環境開発会議(地球サミット)73
国連環境計画(UNEP)　73
国連カンボジア暫定統治機構
　　(UNTAC，アンタック)　68
国連教育科学文化機関(UNESCO，
　　ユネスコ)　73
国連軍　64〜65
国連後発開発途上国会議　109
国連児童基金(UNICEF，ユニセフ)
　　56
国連事務局　72
国連食糧農業機関(FAO)　74
国連人権高等弁務官　76
国連世界人権会議　76
国連大学(UNU)　57
国連難民高等弁務官事務所(UNHCR)
　　56,75
国連人間環境会議　73
国連分担金　60
国連貿易開発会議(UNCTAD，アン
　　クタッド)　111〜112
国家安全保障会議(NSC)　21
国家安全保障担当補佐官　21
国家横断的機関　4
国家下位の主体　6〜7
国家統合　101,140
固定為替相場制　118
コヘイン，R.O.　29,40
コミンフォルム　159
コメコン　159
ゴルバチョフ，M.S.　172

【さ】
サダト，M.A.　136〜137

佐藤栄作　196〜197
サンフランシスコ会議　56
サンフランシスコ講和条約　189

【し】
資源ナショナリズム　106〜107
市場統合　86,101
事前協議　190
持続可能な開発　73
児童の権利条約(子どもの権利条約)
　　76
社会主義市場経済　182
上海協力機構(SCO)　97
従属論　31,42〜43
集団安全保障　52,54
柔軟対応戦略　167
周辺国　43〜44
自由貿易協定(FTA)　101〜102,124
主体(アクター)　2
準周辺国　43〜44
ジュネーブ協定　188
ジュネーブ巨頭会談　163
ジュネーブ精神　162〜163
シューマン・プラン　82
常任理事国　61,63
条約の批准　20
女子差別撤廃条約　76
ジョンソン，L.B.　167,198
新安保条約　190
深海底　9
新機能主義理論　29,38
新現実主義理論　29,42
人権外交　170
人権理事会　71
新国際経済秩序(NIEO，ニエオ)
　　107
新思考外交　172
人種差別撤廃条約　75
新START　178
新制度主義理論　29,39,40
信託統治理事会　57,71
新デタント　157,170,173

207

浸透性体系　46
シンハラ人　142
新ユーゴスラビア連邦　144〜146
信頼醸成措置(CBM)　176
新冷戦　157, 170, 172

【す】
スターリン, I.V.　55, 163, 187
スーダン内戦　149
スピル・オーバー仮説(波及仮説)　38
スプートニク・ショック　164
スミソニアン合意　118
スリランカの民族問題　142
スロベニア　144

【せ】
制裁　64
政府開発援助(ODA)　113〜115
政府開発援助大綱(ODA大綱)　114
生物多様性条約　73
勢力均衡論　28, 31
世界システム論　31, 43
世界食糧計画(WFP)　74
世界人権宣言　75
世界大国　35〜37
世界貿易機関(WTO)　122〜124
世界保健機関(WHO)　73
セルビア人共和国　146
尖閣諸島　10
先行統合　90
全方位外交　20
戦略防衛構想(SDI)　172

【そ】
総会　58〜61, 63〜64
相互依存　40
相互依存論　29, 40
相互確証破壊(MAD)　167
相互作用主義(交流主義)理論　29, 38

組織過程モデル　45
ソ連の解体　174

【た】
第1次石油危機(オイルショック)　135
第1次戦略兵器削減条約(START I)　175
第1次戦略兵器制限交渉(SALT I)　168〜169
対外政策決定論　27, 45
第2次戦略兵器削減条約(START II)　175
第2次戦略兵器制限条約(SALT II)　170
太平洋諸島フォーラム(PIF)　100
大陸間弾道ミサイル(ICBM)　175
大量報復戦略　161
多角的貿易交渉(ラウンド)　122
多極化　193〜197
多国間援助　113
多国籍企業　2, 4〜5
多国籍軍　12, 65〜66, 186〜187
タジキスタン紛争　147
多数決制　59〜60
多数国間投資保証機関(MIGA)　116
竹島　11
田中角栄　201
ダマンスキー島(珍宝島)事件　195
タミル人　142
ダレス, J.F.　161
単一欧州議定書　85, 91
ダンバートン・オークス会議　55

【ち】
地域主義　81
チェチェン紛争　148
チベット問題　143
中国の国連代表権　200

中心国　43〜44
中ソ友好同盟相互援助条約　183
中台紛争　183〜184
中東戦争　131〜133, 135〜137
中東和平のためのロードマップ
　　138
超国家機関　3
朝鮮戦争　185〜187, 192

【つ】
通商法　21
ツチ族　149

【て】
停戦監視団　67
デイトン協定　146

【と】
ドイッチュ, K.W.　29, 38
ドイ・モイ（刷新）　182
統治機構　7
東南アジア条約機構（SEATO, シアトー）　169, 191〜192
東南アジア諸国連合（ASEAN, アセアン）　93〜96
独立国家共同体（CIS）　174
ド・ゴール, Ch.　194
特恵関税　112
ドーハ開発アジェンダ　123
ドミノ理論　197〜198
トルーマン, H.S.　158
トルーマン・ドクトリン　158

【な】
ナイ, J.　40
内水　8〜9
ナゴルノ・カラバフ紛争　147
ナショナリズム　14〜16
ナセル, J.A.　133, 135〜136
77か国グループ（G77）　111
南沙群島（スプラトリー群島）　13
南南問題　107

南米南部共同市場　99
南北問題　106
難民　74

【に】
ニクソン, R.M.　118, 168, 199
ニクソン・ショック　118
ニクソン・ドクトリン　199
2国間援助　113
二重多数決　93
ニース条約　90
日米安全保障条約　189〜190
日米経済摩擦　120〜121
日米構造協議　122
日米貿易摩擦　120〜121
日米包括経済協議　122
日華平和条約　201
日韓基本条約　196
日中共同声明　201
日中国交回復　200
日中平和友好条約　201
日ソ共同宣言　195

【は】
排他的経済水域　9
バオ・ダイ　188
覇権（ヘゲモニー）　29, 33, 35〜36
覇権安定論　29, 33
覇権循環論　29, 35, 182
覇権戦争　33〜34
ハース, E.B.　29, 38
バスク問題　148
鳩山一郎　195
パネル（紛争処理小委員会）　123
パリ協定　198〜199
バルト3国　174
バルフォア宣言　131
パレスチナ解放機構（PLO）
　　137, 139
パレスチナ暫定自治の原則　137
パレスチナ分割決議　131
パレスチナ民族憲章　137

209

ハンガリー動乱　163
反植民地主義　193
ハンチントン,S.P.　128〜130
バンドン宣言　192

【ひ】

非核3原則　197
東アジア首脳会議　95
東ティモール問題　142
非常任理事国　61
ヒスパニック　18
ヒズボラ　139
非政府組織（NGO）　4〜5
非同盟主義　192〜193
非同盟諸国会議　192〜193

【ふ】

封じ込め政策　28,159,161
フォークランド紛争　12
福田赳夫　201
フクヤマ,F.　128
双子の赤字　119
ブッシュ・ドクトリン　178
フツ族　149
部分的核実験禁止条約（PTBT）　166
プラザ合意　119〜120
フランク,A.G.　42
フランスのNATO軍脱退　194
フルシチョフ,N.S.　164,166
ブレトン・ウッズ体制　117
文化紛争　128
文明の衝突　128,130

【へ】

米華相互防衛条約　190
米韓相互防衛条約　190
米州機構（OAS）　99〜100
米中和解　168,200
米比相互防衛条約　190
平和維持活動（PKO）
　66〜69,145〜147,177

平和維持軍（PKF）　68
平和外交　19
平和共存　163
「平和のための結集」決議　63
ベトナム戦争　197〜198
ベトナムの統一　200
ペリンダバ条約　100
ベルサイユ条約→ヴェルサイユ条約
ベルリン危機　159
ベルリンの壁　164,173
ペレストロイカ　172
変動為替相場制　118〜119

【ほ】

包括的核実験禁止条約（CTBT）
　59,142
朴正煕　196
北爆　198
北米自由貿易協定（NAFTA,ナフタ）
　97
ボゴール宣言　96〜97
ボスニア紛争　144
ボスニア連邦　146
ボーダレス化　2,81
ホー・チ・ミン　188
ホットライン　166
北方4島　10

【ま】

巻き返し政策　161
マケドニア　144
マーシャル・プラン　158
マーストリヒト条約　86,89

【み】

ミサイル防衛（MD）　178
南アジア自由貿易圏（SAFTA）
　97
南アジア地域協力連合（SAARC）
　97
民族解放運動　15
民族自決主義　15

【む】
無害通航権　9

【め】
メルコスール　99

【も】
モーゲンソー, H.J.　28, 32〜33
モスクワ条約　175
モデルスキー, G.A.　29, 35〜36
モロトフ・プラン　159
問題領域　47

【や】
ヤルタ会談　55

【ゆ】
雪解け時代　163
輸出自主規制　121
Ｕ２撃墜事件　163〜164
ユーロ　88

【よ】
抑止力　167
吉田茂　189

【ら】
ラビン, I.　138
ラロトンガ条約　101

【り】
リージョナリズム　81
リスボン条約　93
理想主義（制度主義）理論
　　27, 29, 38
領域　7, 8, 11
領海　8〜9
領空　8〜9
領土　8〜9, 11

【る】
ルクセンブルクの合意　84

【れ】
冷戦の定義　154
レーガン, R.W.　172〜173
レバノン　139
連係理論（リンケージ論）　27, 46

【ろ】
ローズノウ, J.N.　46

【わ】
ワルシャワ条約機構
　　162, 165, 174

英文略語索引

【A】
ABM（弾道弾迎撃ミサイル）　169
ABM制限条約　169
AFTA（ASEAN自由貿易圏）　94
APEC（アジア太平洋経済協力）　96〜97
ARF（ASEAN地域フォーラム）　95
ASEAN（東南アジア諸国連合）　93〜96
ASEAN経済共同体（AEC）　95
ASEAN憲章　94
ASEAN自由貿易圏（AFTA）　95
ASEAN地域フォーラム（ARF）　95
AU（アフリカ連合）　100

【C】
CAP（共通農業政策）　83
CBM（信頼醸成措置）　177
CFE条約（欧州通常戦力条約）　176
CIS（独立国家共同体）　174
CSCE（欧州安保協力会議）　169, 176
CTBT（包括的核実験禁止条約）　59, 142

【D】
DAC（開発援助委員会）　114

【E】
EC（欧州共同体）　83〜86, 88
ECB（欧州中央銀行）　88
ECSC（欧州石炭鉄鋼共同体）　82
EDC（欧州防衛共同体）　83
EEA（欧州経済地域）　86
EEC（欧州経済共同体）　82

EFTA（欧州自由貿易連合）　83
EMI（欧州通貨機構）　88
EMS（欧州通貨制度）　88
EPA（経済連携協定）　124
ERM（為替相場メカニズム）　88
ESCAP（アジア太平洋経済社会委員会）　70
EU（欧州連合）　86, 88
EU共通市民権（参政権）　89
EU理事会　91
EURATOM（欧州原子力共同体）　82

【F】
FAO（国連食糧農業機関）　74
FTA（自由貿易協定）　101〜102, 124
FTAAP（アジア太平洋自由貿易圏）　97

【G】
G77（77か国グループ）　111
GATT（関税および貿易に関する一般協定）　118, 122
GNP１％援助　112

【I】
IBRD（国際復興開発銀行・世界銀行）　115〜117
ICBM（大陸間弾道ミサイル）　175
IDA（国際開発協会）　116
IFAD（国際農業開発基金）　74
IFC（国際金融公社）　116
ILO（国際労働機関）　72
IMF（国際通貨基金）　115〜117
INF（中距離核戦力）　173
INF全廃条約　173

ITO(国際貿易機構)　　117〜118

【L】
LDC(後発開発途上国)　　107〜109

【M】
MAD(相互確証破壊)　　167
MD(ミサイル防衛)　　178
MIGA(多数国間投資保証機関)
　　116

【N】
NAFTA(北米自由貿易協定)　　97
NATO(北大西洋条約機構)
　　　　145, 161, 172, 174, 178, 194
NGO(非政府組織)　　4〜5
NIEO(新国際経済秩序)　　107
NPT(核不拡散条約)　　166
NSC(国家安全保障会議)　　21

【O】
OAS(米州機構)　　99〜100
OAU(アフリカ統一機構)　　100
ODA(政府開発援助)　　113〜115
ODA大綱(政府開発援助大綱)
　　114
OECD(経済協力開発機構)　　114
OEEC(欧州経済協力機構)　　158
OSCE(欧州安保協力機構)　　176

【P】
PIF(太平洋諸島フォーラム)
　　100
PKF(平和維持軍)　　68
PKO(平和維持活動)
　　66〜69, 145〜147, 177
PKO協力法　　68〜69
PLO(パレスチナ解放機構)
　　137, 139
PLO・イスラエル相互承認　　137
PTBT(部分的核実験禁止条約)
　　166

【S】
SAARC(南アジア地域協力連合)　　97
SAFTA(南アジア自由貿易圏)　　97
SALT Ⅰ(第1次戦略兵器制限交渉)
　　168〜169
SALT Ⅱ(第2次戦略兵器制限条約)
　　170
SCO(上海協力機構)　　97
SDI(戦略防衛構想)　　172
SEATO(東南アジア条約機構)
　　169, 191〜192
START Ⅰ(第1次戦略兵器削減条約)
　　175
START Ⅱ(第2次戦略兵器削減条約)
　　175

【T】
TPP(環太平洋パートナーシップ協定)
　　124

【U】
U2撃墜事件　　163〜164
UNCTAD(国連貿易開発会議)
　　111〜112
UNEP(国連環境計画)　　73
UNESCO(国連教育科学文化機関)
　　73
UNHCR(国連難民高等弁務官事務所)
　　56, 75
UNICEF(国連児童基金)　　56
UNTAC(国連カンボジア暫定統治
　　機構)　　68
USTR(アメリカ通商代表部)　　21

【W】
WFP(世界食糧計画)　　74
WHO(世界保健機関)　　73
WTO(世界貿易機関)　　122〜124

著者紹介

高瀬淳一（たかせ　じゅんいち）
1958年，東京都生まれ。
早稲田大学大学院政治学研究科博士課程修了。
現在，名古屋外国語大学現代国際学部・同大学院国際
コミュニケーション研究科教授。

公務員試験

はじめて学ぶ 国際関係 [改訂版]

1997年 9 月20日　初版第 1 刷発行
2006年10月 5 日　改訂初版第 1 刷発行
2015年10月20日　改訂初版第 3 刷発行

著　者 ── 高瀬淳一

本文イラスト ── 服部幸平

発行者 ── 池澤徹也

発行所 ── 株式会社 実務教育出版

　　　　〒163-8671　東京都新宿区新宿1-1-12
　　　　☎ 編集 03-3227-2215　販売 03-3355-1951
　　　　振替 00160-0-78270

印　刷 ── 図書印刷
製　本 ── 図書印刷

©JUNICHI TAKASE 1997
ISBN 4-7889-4977-6　C0030　Printed in Japan
落丁・乱丁本は小社にておとりかえいたします。